村中洋介

市民生活と行政

信山社ブックレット

はじめに

わが国は，世界有数の地震大国でもありますが，同時に火山大国ともいわれます。また，地震に伴う津波や毎年のように到来する台風や豪雨による災害も多く発生しています。

次のページ以降の図表にもあるように，わが国では毎年のように災害が発生し，これに伴い死者・行方不明者も発生しています。

私たちは，ニュースや新聞，最近ではSNSなどを通じて，わが国だけではなく，世界中の災害に関する情報を日頃目にする機会があります。その一方で，自分自身が災害に遭遇（そうぐう）し，避難が必要となることや自分自身や家族が怪我を負い，または死亡・行方不明となることを想像している人は少ないかもしれません。

私の時代もそうでしたが，小学校などの防災教育で「親と避難場所や避難方法等を確認しましょう。」と教えられ，考えている子供も多いと思います。一方で私たち大人はどうでしょうか。災害・防災への意識が子供の頃の方があったという人も多いのではないでしょうか。

災害にはそれぞれメカニズムがあり，危険な場所や避けるべき行動等もあります。そうしたことについては，『ど～する防災――災害と法』シリーズをご覧いただければと思いますが，本書では，避難場所や避難行動のあり方，最近話題にもなる避難行動要支援者制度を中心に紹介したいと思います。

2023年5月

村中　洋介

我が国における昭和20年以降の主な自然災害の状況

年 月 日	災害名	主な被災地	死者・行方不明者数
昭和20. 1. 13	三河地震 (M6.8)	愛知県南部	2,306 人
9. 17 ～ 18	枕崎台風	西日本 (特に広島)	3,756 人
21. 12. 21	南海地震 (M8.0)	中部以西の日本各地	1,443 人
22. 8. 14	浅間山噴火	浅間山周辺	11 人
9. 14 ～ 15	カスリーン台風	東海以北	1,930 人
23. 6. 28	福井地震 (M7.1)	福井平野とその周辺	3,769 人
9. 15 ～ 17	アイオン台風	四国から東北 (特に岩手)	838 人
25. 9. 2 ～ 4	ジェーン台風	四国以北 (特に大阪)	539 人
26. 10. 13 ～ 15	ルース台風	全国 (特に山口)	943 人
27. 3. 4	十勝沖地震 (M8.2)	北海道南部, 東北北部	33 人
28. 6. 25 ～ 29	大雨 (前線)	九州, 四国, 中国 (特に北九州)	1,013 人
7. 16 ～ 24	南紀豪雨	東北以西 (特に和歌山)	1,124 人
29. 5. 8 ～ 12	風害 (低気圧)	北日本, 近畿	670 人
9. 25 ～ 27	洞爺丸台風	全国 (特に北海道, 四国)	1,761 人
32. 7. 25 ～ 28	諫早豪雨	九州 (特に諫早周辺)	722 人
33. 6. 24	阿蘇山噴火	阿蘇山周辺	12 人
9. 26 ～ 28	狩野川台風	近畿以東 (特に静岡)	1,269 人
34. 9. 26 ～ 27	伊勢湾台風	全国 (九州を除く, 特に愛知)	5,098 人
35. 5. 23	チリ地震津波	北海道南岸, 三陸海岸, 志摩海岸	142 人
38. 1	昭和38年1月豪雪	北陸, 山陰, 山形, 滋賀, 岐阜	231 人
39. 6. 16	新潟地震 (M7.5)	新潟, 秋田, 山形	26 人
40. 9. 10 ～ 18	台風第23, 24, 25号	全国 (特に徳島, 兵庫, 福井)	181 人
41. 9. 23 ～ 25	台風第24, 26号	中部, 関東, 東北, 特に静岡, 山梨	317 人
42. 7 ～ 8	7, 8月豪雨	中部以西, 東北南部	256 人
43. 5. 16	十勝沖地震 (M7.9)	青森県を中心に北海道南部・東北地方	52 人
47. 7. 3 ～ 15	台風第6, 7, 9号及び7月豪雨	全国 (特に北九州, 島根, 広島)	447 人
49. 5. 9	伊豆半島沖地震 (M6.9)	伊豆半島南端	30 人
51. 9. 8 ～ 14	台風第17号及び9月豪雨	全国 (特に香川, 岡山)	171 人
52. 1	雪害	東北, 近畿北部, 北陸	101 人
52. 8. 7 ～ 53. 10	有珠山噴火	北海道	3 人
53. 1. 14	伊豆大島近海の地震 (M7.0)	伊豆半島	25 人
6. 12	宮城県沖地震 (M7.4)	宮城県	28 人
54. 10. 17 ～ 20	台風第20号	全国 (特に東海, 関東, 東北)	115 人
55. 12 ～ 56. 3	雪害	東北, 北陸	152 人
57. 7 ～ 8	7, 8月豪雨及び台風第10号	全国 (特に長崎, 熊本, 三重)	439 人
58. 5. 26	日本海中部地震 (M7.7)	秋田, 青森	104 人
7. 20 ～ 29	梅雨前線豪雨	山陰以東 (特に島根)	117 人
10. 3	三宅島噴火	三宅島周辺	－
12 ～ 59. 3	雪害	東北, 北陸 (特に新潟, 富山)	131 人
59. 9. 14	長野県西部地震 (M6.8)	長野県西部	29 人
61. 11. 15 ～ 12. 18	伊豆大島噴火	伊豆大島	－
平成 2. 11. 17 ～ 7. 6. 3	雲仙岳噴火	長崎県	44 人
5. 7. 12	北海道南西沖地震 (M7.8)	北海道	230 人
7. 31 ～ 8. 7	平成5年8月豪雨	全国	79 人
7. 1. 17	阪神・淡路大震災 (M7.3)	兵庫県	6,437 人
12. 3. 31 ～ 13. 6. 28	有珠山噴火	北海道	－
6. 25 ～ 17. 3. 31	三宅島噴火及び新島・神津島近海地震 (M6.5)	東京都	1 人
16. 10. 20 ～ 21	台風第23号	全国	98 人
10. 23	平成16年(2004年)新潟県中越地震 (M6.8)	新潟県	68 人
17. 12 ～ 18. 3	平成18年豪雪	北陸地方を中心とする日本海側	152 人
19. 7. 16	平成19年(2007年)新潟県中越沖地震 (M6.8)	新潟県	15 人
20. 6. 14	平成20年(2008年)岩手・宮城内陸地震 (M7.2)	東北 (特に宮城, 岩手)	23 人
22. 12 ～ 23. 3	雪害	北日本から西日本にかけての日本海側	131 人
23. 3. 11	東日本大震災 (Mw9.0)	東日本 (特に宮城, 岩手, 福島)	22,312 人
23. 8. 30 ～ 23. 9. 5	平成23年台風第12号	近畿, 四国	98 人
23. 11 ～ 24. 3	平成23年の大雪等	北日本から西日本にかけての日本海側	133 人
24. 11 ～ 25. 3	平成24年の大雪等	北日本から西日本にかけての日本海側	104 人
25. 11 ～ 26. 3	平成25年の大雪等	北日本から関東甲信越地方 (特に山梨)	95 人
26. 8. 20	平成26年8月豪雨(広島土砂災害)	広島県	77 人
26. 9. 27	平成26年(2014年)御嶽山噴火	長野県、岐阜県	63 人
28. 4. 14及び 4. 16	平成28年(2016年)熊本地震 (M7.3)	九州地方	273 人
30. 6. 28 ～ 7. 8	平成30年(2018年)7月豪雨	全国 (特に広島、岡山、愛媛)	271 人
30. 9. 6	平成30年北海道胆振東部地震 (M6.7)	北海道	43 人
令和 1. 10. 10 ～ 1. 10. 13	令和元年東日本台風	関東、東北地方	108 人
2. 7. 3 ～ 2. 7. 31	令和2年 (2020年) 7月豪雨	全国 (特に九州地方)	88 人
3. 7. 1 ～ 3. 7. 14	令和3年 (2021年) 7月1日からの大雨	全国 (特に静岡)	29 人
3. 8. 7 ～ 3. 8. 23	令和3年 (2021年) 8月の大雨	全国 (特に長野、広島、長崎)	13 人

注) 1. 死者・行方不明者について, 風水害は500人以上, 雪害は100名以上, 地震・津波・火山噴火は10人以上のもののほか, 「災害対策基本法」による非常災害対策本部等政府の対策本部が設置されたもの。
2. 阪神・淡路大震災の死者・行方不明者については平成18年5月19日現在の数値。いわゆる関連死を除く地震発生当日の地震動に基づく建物倒壊・火災等を直接原因とする死者は, 5,515人。
3. 三宅島噴火及び新島・神津島近海地震の死者は, 平成12年7月1日の地震によるもの。
4. 東日本大震災の死者 (災害 (震災) 関連死含む)・行方不明者数については令和4年3月1日現在の数値。
5. 令和元年東日本台風の被害は令和2年10月13日時点のもの。
6. 令和2年7月豪雨の被害は令和3年11月26日時点のもの。
7. 令和3年7月1日からの大雨の被害は令和4年3月25日時点のもの。
8. 令和3年8月の大雨の被害は令和4年3月25日時点のもの。

出典：気象年鑑、理科年表、警察庁資料、消防庁資料、緊急災害対策本部資料、非常災害対策本部資料、兵庫県資料をもとに内閣府作成

令和4年版防災白書より

自然災害による死者・行方不明者数

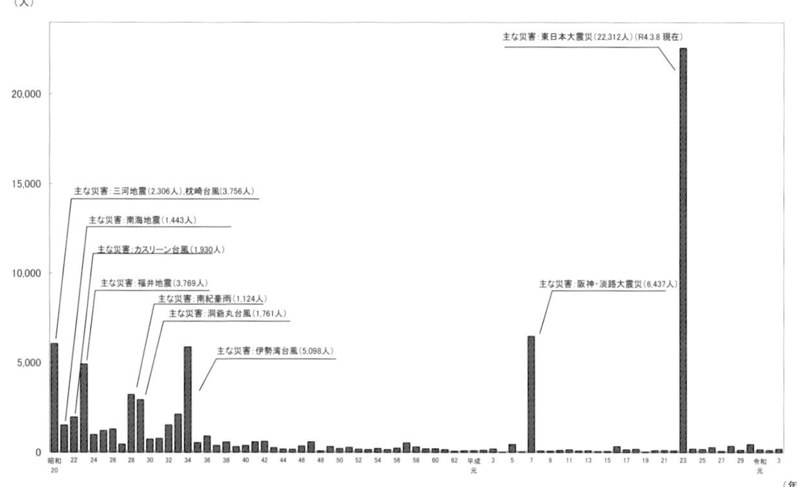

注）平成７年死者のうち、阪神・淡路大震災の死者については、いわゆる関連死919人を含む（兵庫県資料）
令和３年の死者・行方不明者は内閣府取りまとめによる速報値

年	人	年	人	年	人	年	人	年	人
昭和20	6,062	37	381	54	208	8	84	25	173
21	1,504	38	575	55	148	9	71	26	283
22	1,950	39	307	56	232	10	109	27	77
23	4,897	40	367	57	524	11	141	28	344
24	975	41	578	58	301	12	78	29	129
25	1,210	42	607	59	199	13	90	30	444
26	1,291	43	259	60	199	14	48	令和元	155
27	449	44	183	61	148	15	62	2	119
28	3,212	45	163	62	69	16	327	3	186
29	2,926	46	350	63	93	17	148		
30	727	47	587	平成元	96	18	177		
31	765	48	85	2	123	19	39		
32	1,515	49	324	3	190	20	101		
33	2,120	50	213	4	19	21	115		
34	5,868	51	273	5	438	22	89		
35	528	52	174	6	39	23	22,575		
36	902	53	153	7	6,482	24	190		

令和４年版防災白書より

出典：昭和20年は主な災害による死者・行方不明者（理科年表による）。昭和21～27年は日本気象災害年報，昭和28年～37年は警察庁資料，昭和38年以降は消防庁資料をもとに内閣府作成

目　　次

そのとき ど〜する？
災害避難支援

Ⅰ　避難所・避難場所とは

災害時が発生した場合には，私たちは災害から身の安全を守るため，次の災害に備えるために避難行動をとることがあります。

ひと昔前までは，災害が差し迫っている場合や災害発生後の避難行動のあり方としては，「指定されている避難場所へ避難すること」を基本としていました。つまり，今いる場所が避難場所ではない場合には，今いる場所から「立退き避難する」ということを指します。

しかし，避難場所とされている場所よりも，今いる場所の方が安全である場合や，避難場所への避難経路に危険がある可能性もあります。こうしたことから，「まずは身の安全を第一に」という考えに基づき，その場に留まる避難行動（待避）も必要とされ，最近は，そうした伝え方がされるようになってきています。

そうした避難行動を行う際の避難先となるものに，避難所や避難場所などがありますし，最近では，「津波避難ビル」ということばを聞いたことのある人もいるのではないでしょうか。そうしたものの違いや役割等についてここでは学びたいと思います。

1　避難と災害

災害が発生すると私たちは避難行動をとることがありますが，ここでいう「災害」とは何を指すのでしょうか。

わが国の法律の中で災害関連の基本法である災害対策基本法では，次のように規定しています。

> 災害対策基本法
> （定義）
> 第２条　この法律において，次の各号に掲げる用語の意義は，それぞれ当該各号に定めるところによる。
> 一　災害　暴風，竜巻，豪雨，豪雪，洪水，崖崩れ，土石流，高潮，地震，津波，噴火，地滑りその他の異常な自然現象又は大規模な火事若しくは爆発その他その及ぼす被害の程度においてこれらに類する政令で定める原因により生ずる被害をいう。

ここで，「竜巻（たつまき）」は，2012年の法改正により追加され，「崖崩れ（がけくずれ）」，「土石流（どせきりゅう）」，「地滑り（じすべり）」は，2013年の法改正により追加されました。このように，近時の災害の経験から，新たに災害に含まれるものも含まれているわけです。

「その他その及ぼす被害の程度においてこれらに類する政令で定める原因により生ずる被害」には，「放射性物質の大量の放出，多数の者の遭難を伴う船舶の沈没その他の大規模な事故」が含まれています（災害対策基本法施行令１条）。

この災害対策基本法では，「異常な自然現象又は大規模な火事若しくは爆発その他その及ぼす被害の程度においてこれらに類する……被害」とされているように，一定程度以上の規模の事象でなければ，この法律にいう「災害」には当たらないということになります。このため，局所的な災害については適用されないことを前提としていると解されるため，例えば，局所的な崖崩れ等によって1，2戸の住居が倒壊する場合や1，2名の死者が出る場合などは，災害対策基本法上の災害とは位置づけられないこととなります(1)。

ただし，実際の「災害」は，次の表に示されているように，法律上規定されるものよりも多くのものが含まれると考えられます。

國井による災害の分類

自然災害（天災）	
1 水気象学系 2 地質学系 3 生物学系	サイクロン，洪水，干ばつ，高潮など 地震，津波，火山噴火など 疫病，新型インフルエンザなど
人為災害（人災）	
1 都市災害 2 産業災害 3 交通災害 4 管理災害 5 環境災害 6 紛争災害 7 CBRNE 災害	大気汚染，水質汚濁，地盤沈下，火災など 工場・鉱山などの施設災害，労働災害，放射線災害など 陸上交通・飛行機事故，船舶事故など 設計・計画のずさん，施工劣悪，管理不備・怠慢など ヘイズ（煙害）やアラブ海などの環境破壊が誘因の災害 国境紛争・内戦など Chemical（化学）・Biological（生物）・Radiological（放射性物質）・Nuclear（核）・Explosive（爆発物）による災害

國井修編『災害時の公衆衛生』（南山堂，2012 年）4 頁 災害の種類 より作成

それでは，何かしら「災害」が発生した場合に私たちはどのように行動するでしょうか。

(1)　村中洋介『災害行政法』（信山社，2022 年）12 頁。

Ⅱで詳しく説明しますが，法律上位置づけられる「災害」が発生した場合には，地方公共団体などから避難情報が出されることがあります。例えば，避難指示（旧来の避難勧告を含む）や緊急安全確保といった避難情報が出されることがありますし，テレビなどを通じて，大雨や地震・津波などの情報を得ることもあります。

こうした場合に，災害の種類に応じて安全な場所へ避難すること（立退き避難）が推奨されますが，その中には，地域の公民館や小学校などのほか，知り合いの家や職場，宿泊施設など時と場合によって避難先は異なる場合はあると思います。また，避難をする時間がない場合や避難をするのが危険な夜間の時間帯には，今いる場所に留まる避難（待避）の方法もあります。

特に，自宅などの今いる場所に留まる避難（待避）にあたっては，避難が長期にわたることを想定したそなえも必要になります（例えば，大雨・洪水で2，3日の間避難ができない・救助が来ない場合や，土砂崩れ等での集落の孤立，地震などの大規模災害時の問題もあります。）。

ただし，立退き避難をすれば安全であるともいい切れません。災害の種類に応じて，また状況に応じた判断・対応が必要になることもあります。2.以降では，そうした立退き避難の場所とされる，避難場所や避難所といったものの種類と違いについて説明しておきたいと思います。

2 避難場所

災害対策基本法では，災害の危険が切迫した場合における居住者等の安全な避難先を確保する観点から，市町村長は，災害の危険が及ばない施設または場所を，洪水，津波等の災害の種類ごとに，指定緊急避難場所として指定することとされています。

> 災害対策基本法
> （指定緊急避難場所の指定）
> 第49条の4　市町村長は，防災施設の整備の状況，地形，地質その他の状況を総合的に勘案し，必要があると認めるときは，災害が発生し，又は発生するおそれがある場合における円滑かつ迅速な避難のための立退きの確保を図るため，政令で定める基準に適合する施設又は場所を，洪水，津波その他の政令で定める異常な現象の種類ごとに，指定緊急避難場所として指定しなければならない。

災害が発生し，又は発生するおそれがある場合における円滑（えんかつ）かつ迅速（じんそく）な避難のための立退きの確保を図るため，小中学校や公園などが指定緊急避難場所として指定されていることがあります。

この指定緊急避難場所は，「居住者等が災害から命を守るために緊急的に避難する施設または場所」と位置づけられており，避難後の「滞在」を念頭に置いていないことに注意が必要となります。もちろん，「滞在」を念頭に置いている「避難所」と「避難場所」が同じ施設等に指定されていることもありますが，あくまでも身の安全を確保するために「緊急に避難する場所」

として位置づけられます。津波からの安全確保のために高台にある公園や広場に避難する場合，その公園や広場などを想像していただければ分かりやすいと思います。

この「避難場所」（法律上は指定緊急避難場所）は，2011 年の東日本大震災を契機として，法律上のことばとして登場しました。

東日本大震災では，大津波からの避難にあたって，（津波の避難には適しているわけではない）地域の避難所（災害後の滞在を目的としているため，必ずしも津波等に対して安全とはいえないこともあります。）に住民が避難し，犠牲になるという事例もありました。

災害種別避難誘導標識システムによる案内板の表示例

・避難場所を表す図記号（必須）
・災害種別一般図記号（必須）
・適不適表示マーク（適しているものに“○”を，不適には“×”を示す。）

・避難場所であることを記載（避難場所の名称記載例）
・外国語併記が望ましい（英語併記の例）

出典：内閣府資料（令和 4 年版　防災白書より）

福岡県水巻町ウェブサイトより（https://www.town.mizumaki.lg.jp/s026/kurashi/100/040/060/20200109122000.html，2023 年 4 月 1 日最終閲覧）

こうしたことを踏まえて，従来の災害時の避難所と身の安全を確保するために長期に滞在することを想定するものではない（一時的な）避難場所を分けて位置づけることとして，「災害から身の安全を確保するための避難」と「災害のおそれのある時や災害時に滞在することを必要とする避難」を分けることによって，住民の安全確保をより確実なものとすることとされています。

この避難場所については，前の図のように示されることとされますが，ここでは，「災害の種類ごとに」避難場所として適しているかどうかも示されることとなっています。このため，洪水には適した避難場所ではあるものの，津波には適さない避難場所，またその逆ということもあり，住民が近隣の避難場所がどのような場合であれば避難しても良い場所であるかを理解していなければ，適切な避難行動がとれないこととなります。

避難場所の指定状況については，次の表のようになっています。これを見ると，災害に応じて，多くの避難場所が指定されていることが分かります。

指定緊急避難場所の指定状況

	指定緊急避難場所の指定状況							
	洪水	崖崩れ、土石流及び地滑り	高潮	地震	津波	大規模な火災	内水氾濫	火山現象
指定箇所数（箇所）	70,323	66,253	21,701	85,035	38,365	39,286	37,993	10,329
想定収容人数（万人）	11,808	13,236	5,874	22,970	8,569	16,753	7,208	2,279

出典：消防庁「地方防災行政の現状」をもとに内閣府作成（それぞれ区分毎に複数回答あり）（令和４年版　防災白書より）

例えば，大阪市では，災害時の避難場所として，一時避難場所[2]約 1470 か所が指定されています[3]。

ここでは，一時（いっとき）避難場所や一時集合場所などということばが出てきます（市区町村によって名称が異なります。）。この一時避難場所等は，公園や広場などが指定されており，避難所・防災拠点や広域避難場所への中継地点として位置づけられている地域もあります。避難場所は，災害の種類に応じて，安全ではないとされる場合もありますので，確実な避難のためには，避難場所が一時滞在に適しているのか，一時的な集合に留（とど）めて情報収集の後に，より安全な場所へ避難する際の中継地点とするべきであるのか等は，居住場所や避難経路を含めて各自で検討しておかなければなりません。

避難場所の中でも，広域避難場所は，地震などによって大地震により発生した火災が多発し延焼（えんしょう）拡大した場合などにその輻射熱（ふくしゃねつ）や煙から市民の生命・身体を守るために避難する場所として，火災に対しても安全な大きな公園などが指定されています。

大阪市では，鶴見緑地や大阪城公園などが指定されており，数十万人単位での避難者の受け入れが可能な敷地（しきち）がある場所もあります。

また，大規模延焼火災の恐れが低い地域として，大規模な延焼火災の発生する可能性がきわめて低いと考えられ，特に広域

(2)　地震時等の一時的な避難先で，公園や広場，学校の運動場など。

(3)　大阪市ウェブサイト（https://www.city.osaka.lg.jp/kikikanrishitsu/page/0000012054.html，2023 年 4 月 1 日最終閲覧）より。

大阪市ウェブサイトより（https://www.city.osaka.lg.jp/kikikanrishitsu/page/0000012054.html，2023 年 4 月 1 日最終閲覧）

避難場所を指定しなくても，安全が確保できる地域がある場合もあります。旅行者や転居したての人などにとっては，自分のいる場所が広域避難場所への避難が必要な地域であるか，そもそも一時的な避難行動すら必要な地域であるかも分からないということもあると思います。旅行中に道を歩く時にも，避難場所の表記などに注意しながら行動するように心がけておくことも重要なことといえるでしょう。

避難場所としては，津波避難ビルなどもありますが，これについては後に説明することとします。

3　避難所・自主避難所

災害対策基本法では，災害が発生した場合の避難する住民等が「避難のための滞在に必要な施設」として指定避難所を指定することとしています。

> 災害対策基本法
> （指定避難所の指定）
> 第49条の7　市町村長は，想定される災害の状況，人口の状況その他の状況を勘案し，災害が発生した場合における適切な避難所（避難のための立退きを行つた居住者，滞在者その他の者（以下「居住者等」という。）を避難のために必要な間滞在させ，又は自ら居住の場所を確保することが困難な被災した住民（以下「被災住民」という。）その他の被災者を一時的に滞在させるための施設をいう。以下同じ。）の確保を図るため，政令で定める基準に適合する公共施設その他の施設を指定避難所として指定しなければならない。

指定避難所と指定緊急避難場所は相互に兼ねることができるとされていますが（災害対策基本法49条の8），指定緊急避難場所は「災害の種類ごと」に指定される性質のものであるため，「指定避難所」として用いられることには問題がなくとも，災害から逃れるための指定緊急避難場所としては差し支えるという場合もあります。

指定緊急避難場所と指定避難所の最も大きな違いは，指定緊急避難場所が災害から身を守るために避難をすることに対して，指定避難所は，（基本的には）災害後に自宅の損壊などのために家に戻ることが困難な場合などに「滞在」する場所であることにあります。

	指定緊急避難場所	指定避難所
定　　義	災害の危険から緊急的に逃れるための施設または場所	災害により家に戻れなくなった住民などが一定期間滞在する施設
避難対象者	自宅などの滞在場所に災害の危険性があり避難する者	災害により家屋の損壊などによって家に戻れなくなった者
開設の期間	短期間（一時的）	長期間（原則，災害発生の日から７日以内：ただし大規模災害時等は期間の延長あり）

指定緊急避難場所は，地域の公園や広場，民間の施設等が指定されることも多くありますが（地域防災計画により指定），避難所は，原則として，学校や公民館等の公共施設を地域防災計画において指定しているものです。避難所の開設期間は，指定緊急避難場所に比べて長期となるため，民間施設が指定されること（民間施設管理者の協力を得られること）は稀（まれ）であるといえます。また，「滞在」を基本とすることからも，飲食，就寝等ができる環境も必要になるため一定程度の広さが必要となります(4)。

そうした一定程度の広さが確保でき，かつ長期間にわたって住民等の受け入れを行うことのできる施設（民間施設であれば，場合によっては施設の本来の用途での利用を停止）は限られることになり，結果的に小中学校や公民館が指定されています。

ただし，現状の避難所の面積（一人当たりの確保される面積）は，決して十分なものではなく，長期の避難生活においてより充実

(4)　避難者一人当たり畳約１畳分（1.65m^2）を基本としつつ，おおむね 2m^2 以上を確保することが推奨されています。

したものとなるよう改善されていくべきとの指摘がなされています。

特に，2020年以降の新型コロナウィルス感染症の蔓延(まんえん)においては，感染症の流行と災害が同時並行に発生した場合の避難所対応が従来のままでは困難であるとされました。結果として，多くの人が長期の避難生活を余儀なくされるような大規模災害が2020〜2022年の間発生しませんでしたが，今後同様に感染症が流行した場合の避難所運営を考える機会となりました。

次の写真のように，感染症流行時の避難所運営にあたっては，従来必要とされてきた面積よりも広い空間の確保が必要となると考えられます。特に大規模災害時の避難所については，不足が懸念されていますし，原子力災害のような長期の避難生活が及ぶものの場合には，より充実した避難生活が送れるようプラ

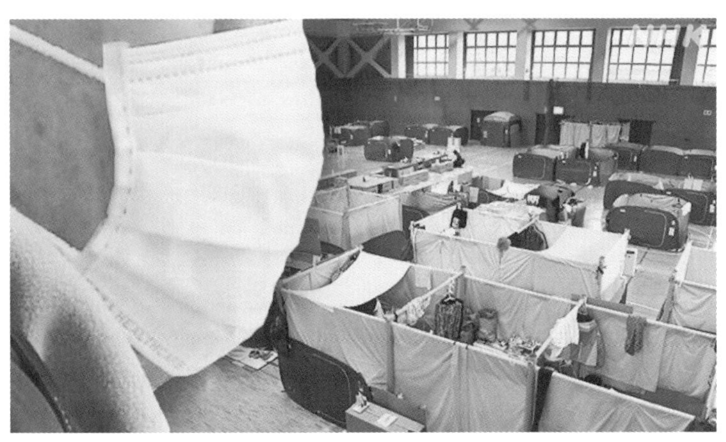

NHK NEWS WEBより（https://www3.nhk.or.jp/news/special/saigai/select-news/20200522_01.html，2023年4月1日最終閲覧）

NHK NEWS WEBより（https://www3.nhk.or.jp/news/html/20200704/k10012496911000.html，2023年4月1日最終閲覧）

イベート空間の確保が課題となるでしょう。

こうした避難所は，あらかじめ地域防災計画で指定する学校などの公共施設等だけではなく，災害発生後に被災者が避難して実質的に避難所としての機能を果たす場合もあります。例えば，災害発生後に民間施設を住民に避難所として開放することなどが想定されますが，そうした場合には，災害救助法上の救助の対象として，避難所としての機能を維持するための費用や食料等の物資の供給が行われることになります。

そうした施設は，「自主避難所」として，災害時に用いられていることもあると思います。自主避難所は，避難指示等の避難情報発令後に設置される指定避難所とは異なり，災害発生（のおそれの）前から，住民が自主的に避難するための施設として開設されるものです。

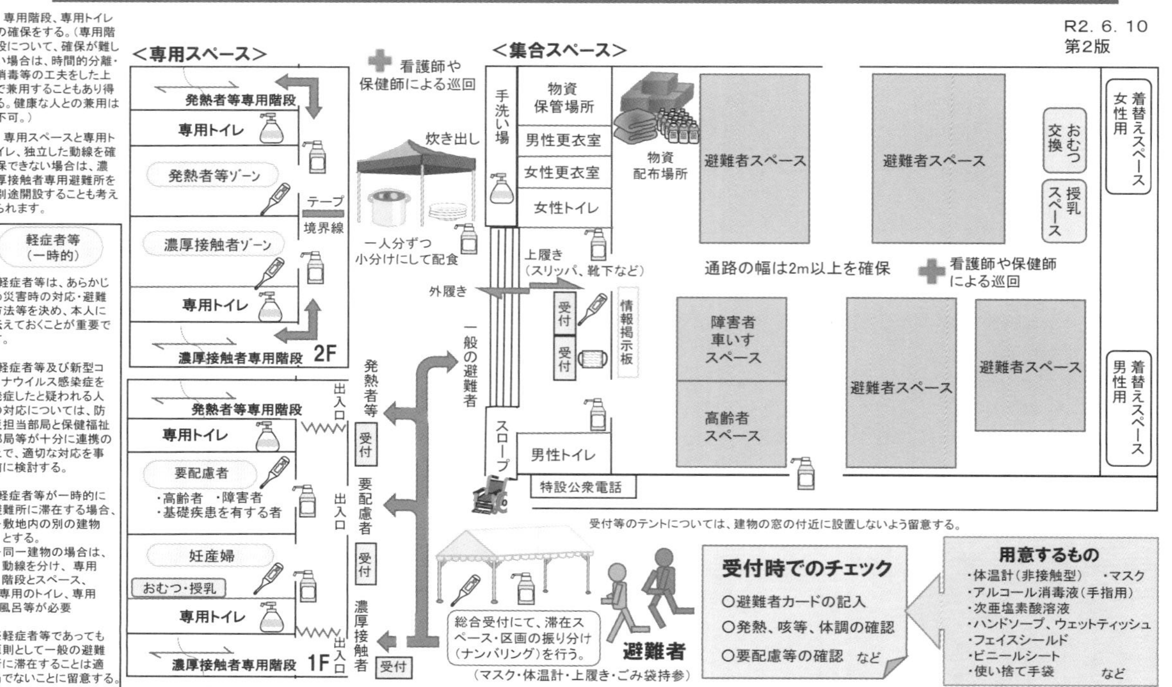

令和３年版 防災白書より

自主避難所は，公共施設が自主避難所として位置づけられている場合もありますし（開設は地方公共団体ではなく，地域の自治会や自主防災組織などが行うことがほとんどであると思います。），地域内の寺院などが自主避難所となっている場合もあります。地域の避難所にはどのようなものがあるか事前にハザードマップ等で確認するとともに，避難経路についても確かめておくようにしましょう。特に地震・津波や大雨・洪水の場合には，避難場所・避難所までの避難経路に危険が潜んでいる場合もありますので注意が必要です。

「避難所」の名称は，指定避難所や自主避難所以外にも地方公共団体によってさまざまな意味で用いられることがあります。

例えば，東大阪市では，避難所を第１次避難所，第２次避難所，第３次避難所に分けて指定しており，第１次避難所としては，市立小・中学校や体育館を指定しています。そして，第２次避難所として，第１次避難所が不足した際に，公立高校の教室，体育館やリージョンセンター（「市民プラザ」と「行政サービスセンター」を併せもった施設）が指定され，第3次避難所として第2次避難所が不足した際に，私立高校・大学へ避難所としての提供を依頼することとされています[5]。

大規模な災害に備えて，避難所の確保が課題となりますが，感染症の流行などの事象によって避難所の機能が十分に果たせない場合に備えた対策が求められるところです。また，高齢者や病気療養(りょうよう)者（従来（2類感染症時）の新型コロナウィルス感染症などによる自宅待機者などもここに含まれるかもしれません。）など，配慮(はいりょ)が必要な人については，次に紹介する「福祉避難所」の確保が必要とされるところです。

4　福祉避難所

福祉避難所は，（指定）避難所の中でも特に，高齢者や障害者等の特別の配慮を必要とする人などが滞在することに適するような施設をあらかじめ福祉避難所として指定することで，配慮を必要とする人の受入れ準備等が行われることとなります。

指定福祉避難所の指定については，災害対策基本法施行令において，次のように規定されています。

災害対策基本法施行令
（指定避難所の基準）
第20条の6

(5)　東大阪市ウェブサイトより（https://www.city.higashiosaka.lg.jp/0000006299.html，2023年4月1日最終閲覧）。

> 五　主として高齢者，障害者，乳幼児その他の特に配慮を要する者（以下この号において「要配慮者」という。）を滞在させることが想定されるものにあつては，要配慮者の円滑な利用の確保，要配慮者が相談し，又は助言その他の支援を受けることができる体制の整備その他の要配慮者の良好な生活環境の確保に資する事項について内閣府令で定める基準に適合するものであること。

指定福祉避難所については，指定避難所の中でも段差解消や障害者用トイレの整備などのバリアフリー化がなされているなどの基準を満たしている施設が指定されることもありますし，高齢者福祉施設等が指定されることもありますが，そうした避難所だけでは数として不足することから，公的宿泊施設をはじめとする民間のホテル・旅館などとの間で協定を結び借り上げをする等の措置が取られることもあります。そうした施設についても，広い意味での福祉避難所として扱われることとなります。

福祉避難所の受入れ対象となるような人とは，高齢者，障害者のほか，妊産婦，乳幼児，医療的ケアを必要とする人，病弱者などの避難所での生活に支障をきたすため，避難所生活において何らかの特別な配慮を必要とする人，およびその家族とされています(6)。

高齢化社会の中で，また若くて元気そうに見えても様々な生活上の配慮が必要な障害を持った人，乳幼児や妊婦などの配慮

(6)　内閣府（防災担当）「福祉避難所の確保・運営ガイドライン（平成28年4月（令和3年5月改定））」5頁。

福祉避難所の確保・運営ガイドライン　主な改定のポイント（令和３年５月）

■改定の経緯
「令和元年台風第19号等を踏まえた高齢者等の避難のあり方について（最終とりまとめ）」令和２年12月24日

＜課題・背景＞
○障害のある人等については、福祉避難所ではない避難所で過ごすことに困難を伴うことがあるため、一般避難所への避難が難しい場合があり、平素から利用している施設へ直接に避難したいとの声がある
○指定避難所として公表されると、受入れを想定していない被災者の避難により、福祉避難所としての対応に支障を生ずる懸念があるため、指定避難所としての福祉避難所の確保が進んでいない（令和２年現在9,072箇所）　等

改定の趣旨　指定福祉避難所の指定を促進するとともに、事前に受入対象者を調整して、人的物的体制の整備を図ることで、災害時の直接の避難等を促進し、要配慮者の支援を強化する

主な改定内容（記載の追加）

○指定福祉避難所の指定及びその受入対象者の公示（災害対策基本法施行規則の改正に伴う措置）
・指定避難所について、指定福祉避難所を指定一般避難所と分けて指定し、公示する
・指定福祉避難所の受入対象者を特定し、特定された要配慮者やその家族のみが避難する施設であることを指定の際に公示できる制度を創設
※「高齢者」、「障害者」、「妊産婦・乳幼児」、「在校生、卒業生及び事前に市が特定した者」など受入対象者を特定した公示の例を記載
→受入れを想定していない被災者が避難してくる懸念に対応し、指定福祉避難所の指定促進を図る

○指定福祉避難所への直接の避難の促進
・地区防災計画や個別避難計画等の作成プロセス等を通じて、要配慮者の意向や地域の実情を踏まえつつ、事前に指定福祉避難所ごとに受入対象者を調整等を行う
→要配慮者が日頃から利用している施設へ直接の避難を促進する

○避難所の感染症・熱中症、衛生環境対策
・感染症や熱中症対策について、保健・医療関係者の助言を得つつ、避難所の計画、検討を行う
・マスク、消毒液、体温計、（段ボール）ベッド、パーティション等の衛生環境対策として必要な物資の備蓄を図る
・一般避難所においても要配慮者スペースの確保等必要な支援を行う

○緊急防災・減災事業債等を活用した指定福祉避難所の機能強化
※社会福祉法人等の福祉施設等における自治体の補助金に対する緊急防災・減災事業債活用も可能に

内閣府ウェブサイトより（https://www.bousai.go.jp/taisaku/hinanjo/r3_guideline.html，2023年4月1日最終閲覧）

が必要な人は多く，そうした人たちが災害時に滞在する場としての福祉避難所の確保は喫緊（きっきん）の課題といえます。

2021年の災害対策基本法の改正，それに伴う「福祉避難所の確保・運営ガイドライン」の改訂では，従来，まずは「避難所」へ避難をし，ここで避難者の情報を集約した後に配慮が必要な人を「福祉避難所」へ移送するとされてきた運用について，配慮が必要な人について「直接福祉避難所へ避難をする」ことが可能とされました。

この前提として，「個別避難計画」の制度や「避難行動要支援者名簿」の制度がありますが，この点については，Ⅲで詳しく紹介することとします。

5　津波避難ビル・津波避難施設

津波避難ビルについては，地域にある避難施設以外の建物で，住民が津波からの避難をする場合に，指定の避難場所（指定緊急避難場所）だけでは，そうした避難場所へ避難する時間的余裕がないことがあることから，各地方公共団体が民間の施設管理者等と協議を行い，津波の浸水想定区域内のビル等を指定する事例があります。

津波避難ビルについての取組みは，東日本大震災以前からありましたが，東日本大震災以降，津波避難ビルに指定される建物が大幅に増えています[(7)]。

(7)　安藤尚一「全国の津波避難ビルの実態と動向分析」地域安全学会梗概集35号（2014年）5頁。

2019年11月22日撮影

民間の建物等を協力によって指定する津波避難ビルだけではなく，津波避難タワーといわれる避難のための施設を新たに海岸付近に建設する例もあります。津波避難タワーは，津波避難ビルのように既存の建物で，津波に耐(た)えうる強度・高さをもつものを指定するのではなく，高台や避難できる建物のない沿岸地域などに設置されている津波避難を目的とする工作物です。

高台などがない沿岸住宅地域にとって，住民が遠くの高台・建物に避難しなくても生命を守ることができる重要な施設です。

津波避難ビルに指定できる建物の基準としては，①新耐震設

高知県黒潮町の津波避難タワー（内閣府ウェブサイトより https://www.bousai.go.jp/kohou/kouhoubousai/h29/89/news_03.html）

計基準（昭和56年6月1日以降の建築基準法における耐震基準）を満たすこと，②鉄筋コンクリート造り（RC），鉄骨鉄筋コンクリート造り（SRC）又は鉄骨造りで地上3階建て相当以上であることなどが要件とされます(8)。

津波避難ビルや津波避難タワーといった構造物は，あくまでも避難する暇(いとま)がない（時間的余裕がない）場合に，津波浸水想定区域内の建物などに避難をする際の避難先です。もしも「想定

(8)　大阪市ウェブサイトより（https://www.city.osaka.lg.jp/kita/page/0000190511.html，2023年4月1日最終閲覧）。基本的には，各地方公共団体で同様の基準が設けられていますが，詳しくは各地方公共団体の担当部局に問い合わせて確認してください。

外」の大きな津波が発生した場合には，既存の津波避難ビルなどでは避難場所として不十分なことが起こる可能性もあります。

こうしたことから，基本的には，「海岸線からより遠く・より高く・より安全な場所」への避難が求められることになります。このため，津波避難ビル等の建物・工作物だけではなく，津波からの避難経路の整備も進められているところです。

津波避難路の整備

出典：（一財）消防防災科学センター　災害写真データベース

6 仮設住宅

災害救助法は，災害に際して，応急的に，必要な救助を行い，被災者の保護と社会の秩序の保全を図ることを目的としています。

災害のため住家が滅失（めっしつ）した被災者は，応急的に避難所に避難

緊急避難場所とは

津波から一時的に避難するための建物や高台などをいいます。
「地区別津波避難計画」で高さや広さなどが確認されており、津波に対する安全性がより高い場所です。

避難所とは

災害時に自宅が倒壊した場合などに、一定期間生活を送る施設をいいます。
東日本大震災では、洪水・土砂災害を想定した避難所に避難して被災した事例があります。地震発生時には、まず緊急避難場所に避難してください。

自然地形の高台

水際や低地から離れた高い場所で、避難した後でも危険を感じたら、さらに高いところへ逃げることができます。
東日本大震災でも多くの方が高台に避難して命を守っています。

津波避難ビル

高さや耐震性などの条件を満たす建物を所有者と協定を結び、津波避難ビルに指定しています。

〈注意点〉
・施設ごとに廊下や屋上など避難場所が決められています。それ以外の場所に入ってはいけません。
・入口の状況は、施設によって異なります。できるだけ事前に確認しておきましょう。

津波避難タワー・津波避難センター

自然地形の高台や、津波避難ビルが少ないなど、避難が困難な地域では、津波避難タワー・津波避難センターの整備を行っています。

高台への避難路の事例

津波避難ビルの事例

種崎公園津波避難タワー

種崎地区津波避難センター

高知市ウェブサイトより（https://www.city.kochi.kochi.jp/soshiki/12/tunamihinannbiru.html, 2023年4月1日最終閲覧）

することとなりますが，避難所は，災害直後における混乱時に避難しなければならない人を，一時的に受け入れるためのものであるため，長期にわたって滞在することはできません。

このため，住家が滅失した被災者のうち，自らの資力（しりょく）では住宅を確保することができない人に対して，簡単な住宅を仮設し一時的な居住の安定を図るものとして「（応急）仮設住宅」の制度があります。

仮設住宅といった場合には，いわゆる「プレハブ住宅」（建設型応急仮設住宅）のことを指すことになります。一方で，このプレハブ住宅での不足等を補うために，民間の賃貸住宅（アパートや貸家など）を地方公共団体が貸主から借り上げて応急仮設住宅として住居を提供する，いわゆる「みなし仮設」（賃貸型応急仮設住宅）があります。

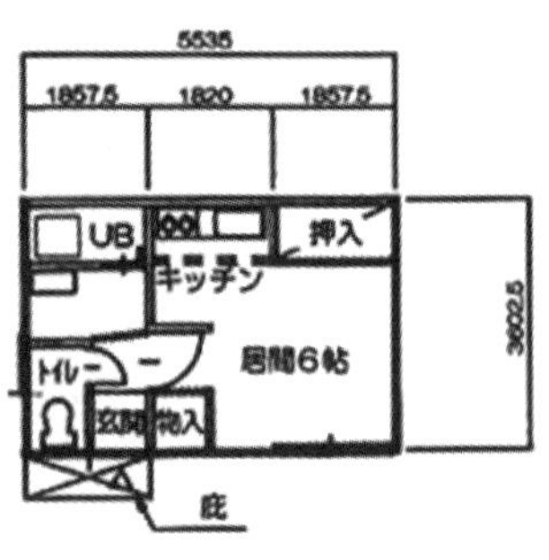

6坪の単身者向け仮設住宅
約19.9㎡（約6坪）
（同様の間取りを連棟建築した
バリエーションもある）

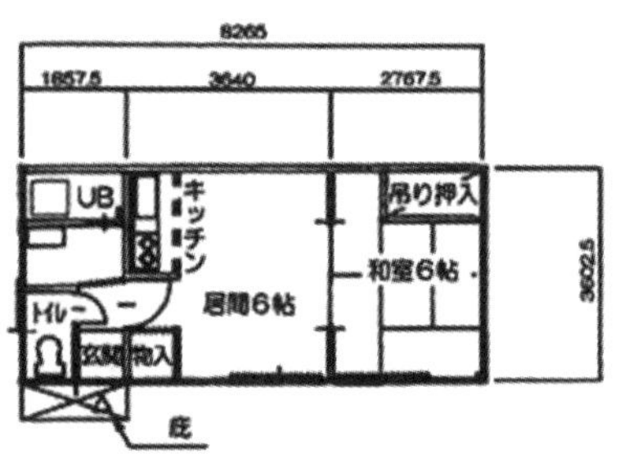

9坪の2～4人世帯向け仮設住宅
約29.8㎡（約9坪）
（同様の間取りを連棟建築した
バリエーションもある）

内閣府ウェブサイトより
（https://www.bousai.go.jp/kyoiku/kyokun/usuzan/database/04/04/01/uzn040401_03.htm，2023年4月1日最終閲覧）

建設型応急仮設住宅は，災害発生の日から20日以内に着工することとされ，一戸当たり6,285,000円以内の費用限度[9]が設けられています。費用限度については，東日本大震災の頃（10年ほど前）は，250万円前後でしたが，これについては大幅に増加しています。また，住宅の規模については，単身用，小家族用などの用途に応じて仕様が分かれています。また，特定の大規模災害を除いて，居住期間は2年を限度とされている点にも注意が必要です。

賃貸型応急仮設住宅，いわゆるみなし仮設は，大規模災害時のように被災者の数に対して建設型応急仮設住宅の供給が間に

プレハブ住宅（建設型仮設住宅）の例

（https://www3.nhk.or.jp/news/html/20220414/k10013580861000.html，2023年4月1日最終閲覧）

(9)　2021年7月時点の金額です。

合わない時などに有効な方法とされます。

費用については，地域の実情に即して判断されることとなりますが，こちらについても，特定の大規模災害を除いて，居住期間は２年を限度とされています。

東日本大震災や熊本地震などの大きな災害においては，法上限の２年を大幅に超えて仮設住宅で生活している人もいます。被災者の生活再建とともに仮設住宅の活用方法を考えていかなければならないでしょう。

また，建設型応急仮設住宅については，高齢者や障害者でも住むことができるように，バリアフリー化された仮設住宅の整備がなされることもあります。

バリアフリー仮設住宅の例

平成29年版 防災白書

Ⅱ　避難行動と避難情報・避難場所

私たちが避難行動を行う場合には，様々な避難に関する情報に基づいて行うことになります。

避難勧告や避難指示といったことばを聞いたことのある人は多いと思います。それ以外にも多くの避難に関する情報が出されることになります。次の図にあるように，気象庁などの発する情報や市町村の発する情報，また一般向けではなく，自治会

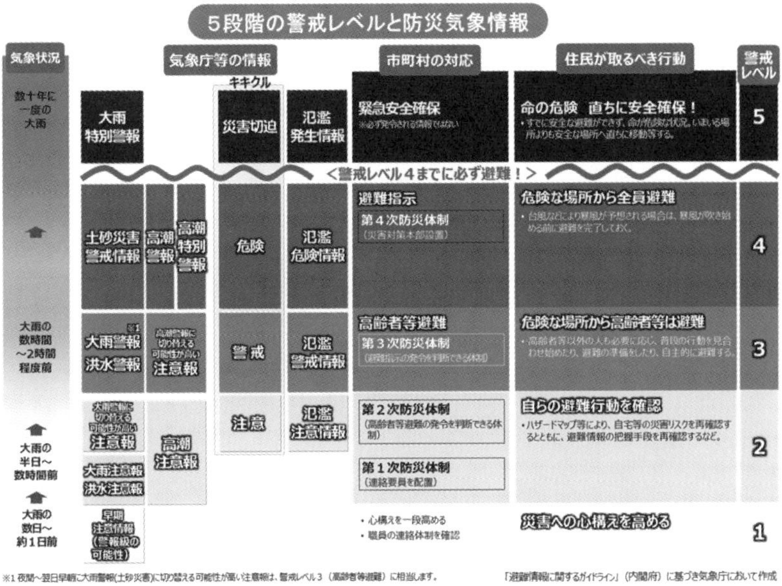

5段階の警戒レベルと防災気象情報

気象状況	気象庁等の情報			キキクル		市町村の対応	住民が取るべき行動	警戒レベル
数十年に一度の大雨	大雨特別警報			災害切迫	氾濫発生情報	緊急安全確保 ※必ず発令される情報ではない	命の危険　直ちに安全確保！ ・すでに安全な避難ができず，命が危険な状況。いまいる場所よりも安全な場所へ直ちに移動等する。	5
<警戒レベル4までに必ず避難！>								
	土砂災害警戒情報	高潮警報	高潮特別警報	危険	氾濫危険情報	避難指示 第4次防災体制（災害対策本部設置）	危険な場所から全員避難 ・台風などにより暴風が予想される場合は，暴風が吹き始める前に避難を完了しておく。	4
大雨の数時間～2時間程度前	※1 大雨警報 洪水警報	高潮警報に切り替える可能性が高い注意報		警戒	氾濫警戒情報	高齢者等避難 第3次防災体制（避難指示の発令を判断できる体制）	危険な場所から高齢者等は避難 ・高齢者等以外の人も必要に応じ，普段の行動を見合わせ始めたり，避難の準備をしたり，自主的に避難する。	3
大雨の半日～数時間前	大雨警報に切り替える可能性が高い注意報 大雨注意報 洪水注意報	高潮注意報		注意	氾濫注意情報	第2次防災体制（高齢者等避難の発令を判断できる体制） 第1次防災体制（連絡要員を配置）	自らの避難行動を確認 ・ハザードマップ等により，自宅等の災害リスクを再確認するとともに，避難情報の把握手段を再確認するなど。	2
大雨の数日～約1日前	早期注意情報（警報級の可能性）					・心構えを一段高める ・職員の連絡体制を確認	災害への心構えを高める	1

※1 夜間～翌日早朝に大雨警報(土砂災害)に切り替える可能性が高い注意報は，警戒レベル3（高齢者等避難）に相当します。

「避難情報に関するガイドライン」（内閣府）に基づき気象庁において作成

気象庁ウェブサイトより（https://www.jma.go.jp/jma/kishou/know/bosai/alertlevel.html，2023年4月1日最終閲覧）

内や施設内，団体内に発信される情報もあるでしょう。

1　避難勧告と避難指示

2021 年の災害対策基本法の改正によって，改正前の「避難勧告」と「避難指示」の規定が避難指示に一本化され，2021 年 5 月よりこの運用が開始されています。

「避難勧告」ということばを聞きなれていたという人もいると思いますが，現時点では廃止された制度ということになります。

2021 年の災害対策基本法の改正前は，60 条 1 項を根拠として，災害時の避難のための立退きを勧告（避難勧告）すること，避難のための立退きを指示（避難指示）することができるとされていました。

災害対策基本法（2021 年改正前――下線部引用者）
（市町村長の避難の指示等）
第 60 条　災害が発生し，又は発生するおそれがある場合において，人の生命又は身体を災害から保護し，その他災害の拡大を防止するため特に必要があると認めるときは，市町村長は，必要と認める地域の居住者等に対し，避難のための立退きを勧告し，及び急を要すると認めるときは，これらの者に対し，避難のための立退きを指示することができる。
2　前項の規定により避難のための立退きを勧告し，又は指示する場合において，必要があると認めるときは，市町村長は，その立退き先として指定緊急避難場所その他の避難場所を指示することができる。
3　災害が発生し，又はまさに発生しようとしている場合において，避難のための立退きを行うことによりかえつて人の生命又は身体に危険が及ぶおそれがあると認めるときは，市町村長は，必要と認める地域の居住者等に対し，屋内での待避その他の屋内における避難のための安全確保に関する措置（以下「屋内での待避等の安全確保措置」という。）を指示することができる。

ここで，「勧告」とは，その地域の居住者等を拘束するものではないものの，居住者等がその「勧告」を尊重することを期待して，避難のための立退きを勧め，または促す行為であり，これに対して「指示」とは，被害の危険が目前に切迫している場合等に発せられ，「勧告」よりも拘束力が強く，居住者等を避難のため立退かせるためのものとするものがあります[(10)]。

一方で，避難勧告および避難指示は，いずれも強制力を有する行政行為にあたるわけではなく，災害対策基本法63条の警戒区域の設定が，違反者に対する罰則（災害対策基本法116条2号）を付していることから，警戒区域の設定が災害対策基本法上の強制力を有する行為であるとするものもあります[(11)]。また，

(10)　防災行政研究会編『逐条解説災害対策基本法〔第3次改訂版〕』（ぎょうせい，2016年）380頁。避難勧告と避難指示の関係については，避難勧告が，行政指導である一方で，避難指示は，避難勧告よりも法的拘束力が強いものであるが，避難勧告と同じく具体的な直接強制が行われているわけではないとするものがあります（荏原明則「避難勧告と避難指示」法学教室242号（2000年）2頁など）。

(11)　木幡浩＝猿渡知之＝前葉泰幸『災害と安全（地方自治総合講座16)』（ぎょうせい，1999年）171-173頁。大橋洋一「避難の法律学」自治研究88巻8号（2012年）28頁では，避難勧告が行政指導であ

「自己決定という視点からいえば，そもそも避難勧告については個人を強制する必要はない。自己決定の材料として災害に関する情報を提供すればよいことである。そうなると，『勧告』と『指示』の違いは，リスク度の違いにすぎない」[12]とするものもあります。

2021年の災害対策基本法改正によって，避難勧告と避難指示が統一され，避難指示に一本化されましたが，ここでは，「災害が発生し，又は発生するおそれがある場合において，人の生命又は身体を災害から保護し，その他災害の拡大を防止するため特に必要があると認めるときは，市町村長は，<u>必要と認める地域の必要と認める居住者等に対し</u>，<u>避難のための立退きを指示</u>することができる。」(2021年改正後災害対策基本法60条1項，下線部引用者）と規定されています。

従来の避難勧告と併用されていた当時と比べて，避難指示のあり方が大きく変化したわけではありません。避難勧告に代わって，従来避難勧告相当とされていた災害について，2021年の災害対策基本法改正後の「避難指示」という形で避難情報の提供がなされることとなりました。

このため，従来，避難勧告相当とされていた災害は避難指示の対象に，従来，避難指示相当とされていた災害も避難指示の

る一方，避難指示は義務を課す点で差異があるとしても，この義務は強制手段を伴わないため，強制力の点での差異は認められないとしています。

(12)　山崎栄一「日本における防災政策と基本権保護義務」(大分大学大学院福祉社会科学研究科）紀要4号（2005年）58頁。

対象となり，避難勧告が避難指示に吸収された形となっています。

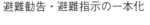

避難勧告・避難指示の一本化

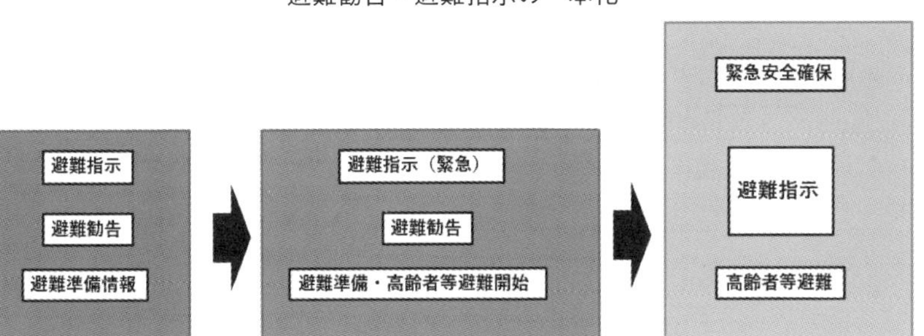

2017年避難勧告ガイドライン改訂　　2021年災対法改正

2021年の災害対策基本法の改正では，避難指示に関して，「必要と認める地域の必要と認める居住者等に対し」という文言が設けられています。

これは，従来，「必要な地域の居住者等の「全員」に対してのみ発令することができる規定」[13]とされていたものを改めたものですが，そのような規定では，当該地域の居住者等全員に対して立退き避難の避難行動が求められるということとなります。

そうすると，当該地域の中の安全な建物等に滞在している者

(13)　内閣府「避難情報に関するガイドライン（令和3年5月）（令和4年9月更新版）」(http://www.bousai.go.jp/oukyu/hinanjouhou/r3_hinanjouhou_guideline/pdf/hinan_guideline.pdf ─以下同じ）24頁。

に対しては，屋内待避等の措置[14]が求められることとなってしまい，当該地域に対して，同時に２つの異なる避難行動（屋内等の滞在と立退き避難）を促すことになるため，これを解消するために，避難指示による立退き避難を，避難指示が発令されている地域の必要な者に限定して発令し，安全な建物等に滞在している者については，その場にとどまることを妨げるものではないこととしました。

ただし，この運用に関しては，従来の避難指示等の発令方法と変わりのない運用がなされる可能性があります[15]。居住者等の状況，住宅構造などの詳細な事柄を行政が把握し，それぞれに応じた形で避難に関する情報の提供をすることは現実的ではありません。

現在の避難指示には，立退き避難と屋内での安全確保がその中に含まれることとされます。しかし，運用上はこれを明確に分けて指示が出されるというわけではなく，各人の判断で立退き避難または屋内安全確保（屋内待避）を選択することになるでしょう。このため，住民等の避難行動に対する意識の向上が必要になります。

---

(14)　2021年改正前災害対策基本法60条3項において規定されていたもので，2013年の災害対策基本法改正により屋内待避の規定が設けられ，それまでの屋外の避難所等への「立退き避難」を前提とせず，現在の場所に留まることを前提とした避難のあり方が示されたものである。

(15)　内閣府「避難情報に関するガイドライン（令和3年5月）（令和4年9月更新版）」24頁。

気象庁ウェブサイトより（https://www.jma.go.jp/jma/kishou/know/bosai/alertlevel.html，2023年4月1日最終閲覧）

2　緊急安全確保

2021年の災害対策基本法の改正では，「緊急安全確保」が新たに設けられました。

改正前災害対策基本法60条3項では，屋内待避等の措置が設けられていましたが，これが改正され，「災害が発生し，又はまさに発生しようとしている場合において，避難のための立退きを行うことによりかえつて人の生命又は身体に危険が及ぶおそれがあり，かつ，事態に照らし緊急を要すると認めるときは，市町村長は，必要と認める地域の必要と認める居住者等に対し，高所への移動，近傍の堅固な建物への退避，屋内の屋外に面する開口部から離れた場所での待避その他の緊急に安全を確保するための措置（以下「緊急安全確保措置」という。）を指示することができる。」として，屋内待避に限らない（自宅から近隣の頑丈な建物等への避難など），緊急の安全確保についての指示をすることについて法的根拠が設けられました。

2021年の災害対策基本法の改正後は，避難指示と緊急安全確保の2つが市町村等の発する避難に関する情報の主たるものになりますが，これら避難指示と緊急安全確保の間で法的拘束力の強弱といった点での違いはありません。

これは，どちらについても，強制力を伴わない行政指導としての性格を有する行政による災害に関する情報提供（避難に関する情報提供）であって，その違いとしては，被災のリスクにあるということになります。

「避難情報に関するガイドライン（令和3年5月）」でも，避難指示が「災害のおそれが高い」状況において，住民らに対して，立退き避難も含めた「危険な場所から全員避難」を求めるものであるのに対して[16]，緊急安全確保は「災害が発生又は切迫している」状況において，住民らに対して，「生命の危険があることから直ちに身の安全を確保」を求めるもので[17]，基本的には立退き避難を求めるものではなく[18]，直ちに身の安全確保を図らせるものとされます。

2019年6月より運用されている災害に関する「警戒レベル」[19]に当てはめると，避難指示は警戒レベル4，緊急安全確保は警戒レベル5とされています。

その意味では，避難指示と緊急安全確保は異なりますが，警戒レベルが上がることによって，住民らの避難行動に対して行

(16)　内閣府「避難情報に関するガイドライン（令和3年5月）（令和4年9月更新版）」28頁。

(17)　内閣府「避難情報に関するガイドライン（令和3年5月）（令和4年9月更新版）」29頁。

(18)　立退き避難については，避難指示までに済ませておくことが求められています（内閣府「避難情報に関するガイドライン（令和3年5月）（令和4年9月更新版）」28頁）。ただし，避難指示や高齢者等避難（災害対策基本法56条2項を根拠として発令される避難に関する情報）の情報が，緊急安全確保の前に発令され，段階的に避難を呼びかけることができるわけではないため，「緊急安全確保」の段階において「立退き避難」を求めない趣旨と解するべきではありません。

(19)　住民が災害発生の危険度を直感的に理解し，的確に避難行動ができるようにするために，避難に関する情報や防災気象情報等の防災情報を5段階で伝えるもの（首相官邸ウェブサイトより（https://www.kantei.go.jp/jp/headline/bousai/keihou.html,2023年4月1日最終閲覧））。

政が強制力を伴う指導を行うものではありません。

警戒レベルには，地方公共団体の発する情報のほかに，気象庁などが発する防災気象情報が，それぞれ対応する警戒レベル相当の情報として位置づけられています。

各警戒レベルに相当する情報は，地方公共団体から発令される避難指示等のみならず，気象庁などから発出されるものもあり，ニュース報道などにおいても，「警戒レベル○の情報です」などとして，情報提供がされています。

様々な情報が重なり合って発出される状況を整理しなければ，住民の避難行動に直結する情報が他の情報の中に埋もれてしまう可能性もあります。特に，インターネットを通じて各人が情報収集することが容易となっている現代では，どの地域にどのような情報が出されているかといった，当該地域の住民にとって必要な情報を各人が得やすくなっています。しかし，例えば「大雨特別警報」が発出されている場合などには，その情報がことさら強調される報道がテレビ，ラジオ，インターネットを問わずなされることによって，これから避難を開始すべき（大雨特別警報の地域外の）地域の人々が的確な情報を得ることが難しくなることもあります。

警戒レベルの創設によって，避難に関する情報を「わかりやすく」伝えるという試みは，警戒レベルに対応する様々な情報の存在により，わかりにくいものとなっているようにも感じられますので，地方公共団体や報道機関による情報発信・情報の伝え方を考える必要があるでしょう。

3 気象警報

災害の予防の主たる手法として，災害の予知があります。ただし，全ての災害について予知が可能である訳ではありません。

一方で，科学技術の進歩とともに災害の発生を事前に予知することも可能な場合があります。気象庁は，様々な自然現象についての，予報および警報をする責務を負い（気象業務法13条）[20]，この警報等に基づき地方公共団体による避難指示等の発令がなされ，住民が避難行動をすることによって人命が守られることがあるため，気象に関する情報提供も重要な行政の役割といえるでしょう。

気象業務法13条では，「気象庁は，政令の定めるところにより，気象，地象，津波，高潮，波浪及び洪水についての一般の利用に適合する予報及び警報をしなければならない」と定め，気象庁に津波警報などの発表をする義務があることを示しています。

ここでの警報は，津波に限られるものではなく，大雨（気象）や洪水の警報や火山（地象）の噴火警報も含まれることとなります。この警報等には，2013年から特別警報（気象業務法13条の2）が含まれて運用がなされており，気象庁は，「「特別

(20) 2013年の改正により，気象業務法に13条の2が追加され，「気象庁は，予想される現象が特に異常であるため重大な災害の起こるおそれが著しく大きい場合として降雨量その他に関し気象庁が定める基準に該当する場合には，政令の定めるところにより，その旨を示して，気象，地象，津波，高潮及び波浪についての一般の利用に適合する警報をしなければならない。」（同法13条の2第1項）として，いわゆる特別警報の規定が設けられました。

気象等に関する特別警報の発表基準

現象の種類	基準	
大雨	台風や集中豪雨により数十年に一度の降雨量となる大雨が予想される場合	
暴風	数十年に一度の強度の台風や同程度の温帯低気圧により	暴風が吹くと予想される場合
高潮		高潮になると予想される場合
波浪		高波になると予想される場合
暴風雪	数十年に一度の強度の台風と同程度の温帯低気圧により雪を伴う暴風が吹くと予想される場合	
大雪	数十年に一度の降雪量となる大雪が予想される場合	

気象庁ウェブサイトより（https://www.jma.go.jp/jma/kishou/know/tokubetsu-keiho/kizyun-kishou.html，2023年4月1日最終閲覧）

警報」が発表されたら，ただちに地元市町村の避難情報に従うなど，適切な行動をとってください。」と呼びかけています。

①　大雨・洪水等の気象に関する情報

大雨・洪水等に関しては，気象警報や注意報，また台風の接近に伴う気象情報が提供されることがあります。

気象警報は，大雨，洪水，大雪，暴風，暴風雪，波浪，高潮の7種類の警報があります。

各警報については，次のように位置づけられています。

大雨警報	大雨警報は，大雨による重大な土砂災害や浸水害が発生するおそれがあると予想したときに発表します。特に警戒すべき事項を標題に明示して「大雨警報（土砂災害）」，「大雨警報（浸水害）」又は「大雨警報（土砂災害，浸水害）」のように発表します。雨が止んでも重大な土砂災害等のおそれが残っている場合には発表を継続します。

洪水警報	洪水警報は，河川の上流域での大雨や融雪によって下流で生じる増水や氾濫により重大な洪水災害が発生するおそれがあると予想したときに発表します。対象となる重大な洪水災害として，河川の増水・氾濫及び堤防の損傷・決壊，並びにこれらによる重大な浸水害があげられます。
大雪警報	大雪警報は，降雪や積雪による住家等の被害や交通障害など，大雪により重大な災害が発生するおそれがあると予想したときに発表します。
暴風警報	暴風警報は，暴風により重大な災害が発生するおそれがあると予想したときに発表します。
暴風雪警報	暴風雪警報は，雪を伴う暴風により重大な災害が発生するおそれがあると予想したときに発表します。暴風による重大な災害のおそれに加え，暴風で雪が舞って視界が遮られることによる重大な災害のおそれについても警戒を呼びかけます。ただし「大雪＋暴風」の意味ではなく，大雪により重大な災害が発生するおそれがあると予想したときには大雪警報を発表します。
波浪警報	波浪警報は，高波による遭難や沿岸施設の被害など，重大な災害が発生するおそれがあると予想したときに発表します。
高潮警報	高潮警報は，台風や低気圧等による異常な潮位上昇により重大な災害が発生するおそれがあると予想したときに発表します。

気象庁ウェブサイトより

また，警報のほかに注意報として，大雨，洪水，大雪，強風，風雪，波浪，高潮，雷，濃霧，乾燥，なだれ，着氷，着雪，融雪，霜，低温の 16 種類があります[21]。

(21)　詳しくは，気象庁ウェブサイト（https://www.jma.go.jp/jma/kishou/know/bosai/warning_kind.html，2023 年 4 月 1 日最終閲覧）を参照してください。

気象警報と対応する警戒レベル（主なもの）

情　　報	警戒レベル
大雨特別警報	警戒レベル５相当
土砂災害警戒情報 高潮特別警報 高潮警報	警戒レベル４相当
大雨警報（土砂災害） 洪水警報	警戒レベル３相当
大雨注意報 洪水注意報	警戒レベル２
早期注意情報（警報級の可能性）	警戒レベル１

気象庁ウェブサイトより（https://www.jma.go.jp/jma/kishou/know/bosai/warning.html，2023年４月１日最終閲覧）

②　土砂災害に関する情報

土砂災害警戒情報ということばを聞いたことがあるでしょうか。土砂災害警戒情報は，大雨警報（土砂災害）の発表後，命に危険を及ぼす土砂災害がいつ発生してもおかしくない状況となったときに，市町村長の避難勧告等の発令判断や住民の自主避難の判断を支援するために，警戒を呼びかける情報とされます。

土砂災害警戒情報は，過去に発生した土砂災害を調査した上で「この基準を超えると，過去の重大な土砂災害の発生時に匹敵する極めて危険な状況となり，この段階では命に危険が及ぶような土砂災害がすでに発生していてもおかしくない」という基準を設定し，避難にかかる時間を考慮して基準到達するとされる際に速（すみ）やかに発表されることとなっています。

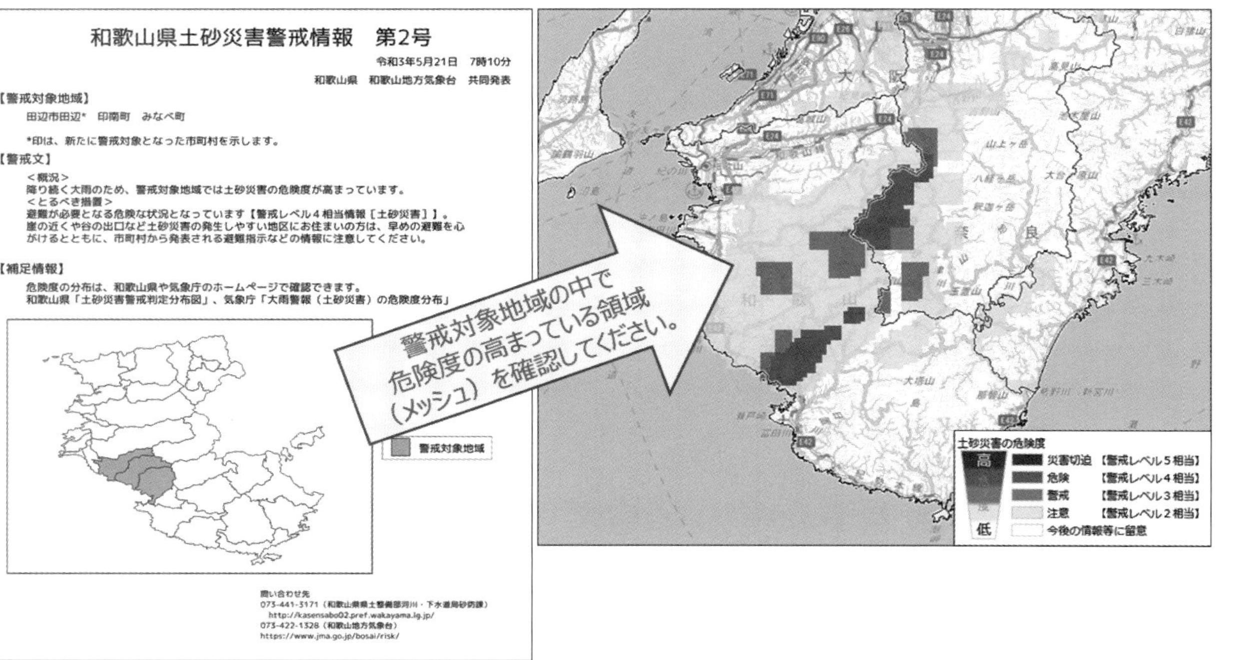

和歌山県土砂災害警戒情報　第2号

令和3年5月21日　7時10分

和歌山県　和歌山地方気象台　共同発表

【警戒対象地域】

田辺市田辺*　印南町　みなべ町

*印は、新たに警戒対象となった市町村を示します。

【警戒文】

<概況>
降り続く大雨のため、警戒対象地域では土砂災害の危険度が高まっています。
<とるべき措置>
避難が必要となる危険な状況となっています【警戒レベル４相当情報［土砂災害］】。
崖の近くや谷の出口など土砂災害の発生しやすい地区にお住まいの方は、早めの避難を心がけるとともに、市町村から発表される避難指示などの情報に注意してください。

【補足情報】

危険度の分布は、和歌山県や気象庁のホームページで確認できます。
和歌山県「土砂災害警戒判定分布図」、気象庁「大雨警報（土砂災害）の危険度分布」

問い合わせ先
073-441-3171（和歌山県県土整備部河川・下水道局砂防課）
http://kasensabo02.pref.wakayama.lg.jp/
073-422-1328（和歌山地方気象台）
https://www.jma.go.jp/bosai/risk/

気象庁ウェブサイト（https://www.jma.go.jp/jma/kishou/know/bosai/doshakeikai.html，2023 年 4 月 1 日最終閲覧）

このため，土砂災害警戒情報が出された時点で速やかな避難が開始することが求められることになります。

大雨の際のニュース映像で，前のページのような色分けされた地図を見ることがあると思います。土砂災害警戒情報は，この中で警戒レベル４相当とされる状況で発表されることになります。

気象庁は，大雨に対する警戒とともに，長時間にわたる雨や局地的な豪雨に際しては，土砂災害への警戒が必要なことから，土砂災害に関する情報を発表しています。

色分けされた地図の色によって土砂災害の危険度を表し，「極めて危険」（濃い紫色），「非常に危険」（うす紫色）については，土砂災害警戒情報の発表対象として，警戒レベル４相当とされ，「警戒」（赤色）は警戒レベル３相当，「注意」（黄色）は警戒レベル２相当として，危険度を表ししています。

③　地震・津波に関する情報

地震に関する情報として馴染（なじ）みがあるものとして，緊急地震速報があります。緊急地震速報は，地震の発生直後に，各地での強い揺れの到達時刻や震度，長周期地震動階級を予想し，可能な限り素早く知らせる情報のことをいいます。

この緊急地震速報は，気象業務法における「地震動の予報及び警報」と位置づけられています。

また，地震に関しては，大規模地震対策特別措置法という法律に基づいて，大規模な地震が発生しそうな地域があれば，その地域の地震対策強化を行うとともに，直前の地震予知体制の

緊急地震速報のながれ

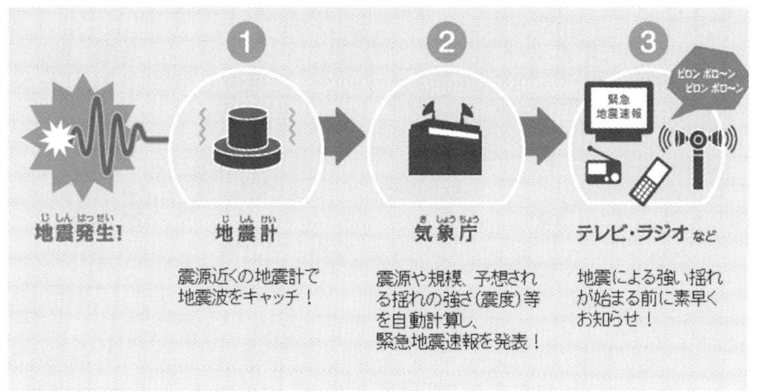

気象庁ウェブサイト（https://www.data.jma.go.jp/svd/eew/data/nc/shikumi/whats-eew.html, 2023年4月1日最終閲覧）

整備も行うこととされています。ここで，地震予知の対象とされていたものとして，「東海地震」があります。

東海地震は，南海トラフ地震の一つとされるもので，静岡県付近を震源とする大規模地震とされています(22)。そして，東海地震については日本で唯一直前予知の可能性がある地震と考えられてきました(23)。

このため，大規模な地震が発生する恐れがある場合には，「東海地震に関連する情報」として，これまでに市民生活に影響があるような警戒宣言がなされたことはなく，周辺で発生した地震との関係で，東海地震との関連についての調査や解説に

(22) 気象庁ウェブサイトより（https://www.data.jma.go.jp/svd/eqev/data/nteq/tokaieq.html, 2023年4月1日最終閲覧）。
(23) 気象庁ウェブサイトより（同上）。

関する情報が出されたのみです。

なお，東海地震に関連する情報については，2017年11月から「南海トラフ地震に関連する情報」の運用が開始されたことによって，現在，東海地震のみに着目した情報の発表は行われていません。南海トラフ地震に関する情報の発信については，2023年に放送されたNHKスペシャルのドラマ「南海トラフ巨大地震」においても示されていましたので，興味のある方は視聴してみてください[(24)]。

南海トラフ地震に関連する情報の種類と発表条件

情報の種類	発表条件
南海トラフ地震に関連する情報（臨時）	○南海トラフ沿いで異常な現象が観測され、その現象が南海トラフ沿いの大規模な地震と関連するかどうか調査を開始した場合、または調査を継続している場合 ○観測された現象を調査した結果、南海トラフ沿いの大規模地震発生の可能性が平常時と比べて相対的に高まったと評価された場合 ○南海トラフ沿いの大規模地震発生の可能性が相対的に高まった状態ではなくなったと評価された場合
南海トラフ地震に関連する情報（定例）	「南海トラフ沿いの地震に関する評価検討会」の定例会合において調査した結果を発表

※南海トラフ地震発生の可能性が相対的に高まった旨の情報を発表した場合でも、南海トラフ地震が発生しないこともあります。また、異常な現象が発生せず、情報の発表がないまま、突発的に南海トラフ地震が発生することもあります。

気象庁ウェブサイトより

津波については，気象業務法に基づき津波警報等が発令され

(24)　番組ウェブサイトより（https://www.nhk.jp/p/special/ts/2NY2QQLPM3/episode/te/88ZP2Y7PQZ/，2023年4月7日最終閲覧）。

ることがあります。

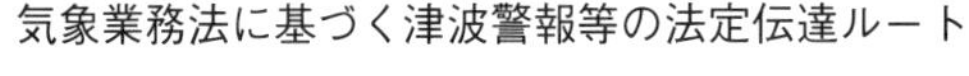

気象業務法に基づく津波警報等の法定伝達ルート

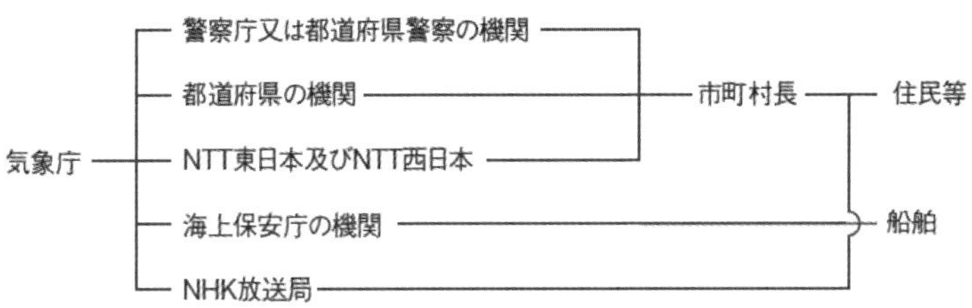

平成 22 年度防災白書より

津波の避難を呼びかける警報などについては，東日本大震災後に，より分かりやすい呼びかけを行うことができるよう，次の図のような表現に改められました。

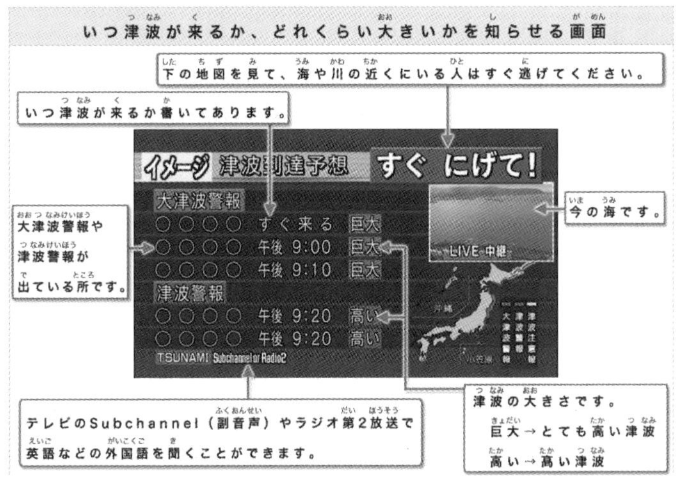

NHK NEWS WEB（https://www3.nhk.or.jp/news/easy/tsunamikeihou/index.html，2023 年 4 月 7 日最終閲覧）

また，NHK は，津波警報等が発令された場合に，より確実な避難のために次のような表現をすることとしています。

津波警報等の発令基準と表現など

	予想される津波の高さ		とるべき行動	想定される被害
	数値での発表（発表基準）	巨大地震の場合の表現		
大津波警報	10m超（10m<高さ）	巨大	沿岸部や川沿いにいる人は、ただちに高台や避難ビルなど安全な場所へ避難してください。津波は繰り返し襲ってくるので、津波警報が解除されるまで安全な場所から離れないでください。 ここなら安心と思わず、より高い場所を目指して避難しましょう！ 津波防災啓発ビデオ「津波からにげる」（気象庁）の1シーン	木造家屋が全壊・流失し、人は津波による流れに巻き込まれる。 （10mを超える津波により木造家屋が流失）
	10m（5m<高さ≦10m）			
	5m（3m<高さ≦5m）			
津波警報	3m（1m<高さ≦3m）	高い		標高の低いところでは津波が襲い、浸水被害が発生する。人は津波による流れに巻き込まれる。 豊頃町提供（2003年）
津波注意報	1m（20cm≦高さ≦1m）	（表記しない）	海の中にいる人は、ただちに海から上がって、海岸から離れてください。津波注意報が解除されるまで海に入ったり海岸に近付いたりしないでください。	海の中では人は速い流れに巻き込まれる。養殖いかだが流失し小型船舶が転覆する。

気象庁ウェブサイトより（http://www.data.jma.go.jp/svd/eqev/data/tsunami/kaizen/about_kaizen_gaiyou.html，2023 年 4 月 1 日最終閲覧）

④　火山の噴火に関する情報

噴火警戒レベルということばを聞いたことのある人もいるのではないでしょうか。噴火警戒レベルは，火山活動の状況に応じて「警戒が必要な範囲」と防災機関や住民等の「とるべき防災対応」を５段階に区分して発表する指標のことをいいます。

警戒が必要な範囲とは，噴火警報の際に用いられるもので，火口周辺（火口から○キロメートル以内）など，警戒すべき範囲のことをいいます。そうした，火山付近の警戒すべき範囲と私たちが防災のためにとるべき行動を分かりやすく５段階に区別したものは，噴火警戒レベル（レベル1～5）といわれるものです。

種別	名　称	対象範囲	噴火警戒レベルとキーワード	
特別警報	噴火警報（居住地域）又は噴火警報	居住地域及びそれより火口側	レベル5	避難
			レベル4	高齢者等避難
警報	噴火警報（火口周辺）又は火口周辺警報	火口から居住地域近くまで	レベル3	入山規制
		火口周辺	レベル2	火口周辺規制
予報	噴火予報	火口内等	レベル1	活火山であることに留意

気象庁ウェブサイトより抜粋（https://www.data.jma.go.jp/svd/vois/data/tokyo/STOCK/kaisetsu/level_toha/level_toha.htm，2023 年 4 月 1 日最終閲覧）

噴火警戒レベルと関連するものとして，噴火警報・噴火予報があります。前の図の中にもこのことばは登場していますが，噴火警報とは，噴火に伴って，生命に危険を及ぼす火山現象（大きな噴石，火砕流（かさいりゅう），融雪型火山泥流（ゆうせつがたかざんでいりゅう）等，発生から短時間で火口周辺や居住地域に到達し，避難までの時間的猶予がほとんどない現象）の発生が予想される場合やその危険が及ぶ範囲の拡大が予想される場合に「警戒が必要な範囲（生命に危険を及ぼす範囲）」を明示して発表されるものです。

そして，噴火予報とは，火山活動の状況が静穏（せいおん）である場合，あるいは火山活動の状況が噴火警報には及ばない程度と予想される場合に発表されるものです。

噴火警戒レベルと対比させると，噴火警報は，噴火警戒レベル２以上で火口周辺への立ち入り規制がなされる場合など，噴火予報は，噴火警戒レベル１の火山活動が噴火警報には及ばない程度のもので立ち入り規制などが行われないような場合に発表されることになります。

噴火警報は，「警戒が必要な範囲（生命に危険を及ぼす範囲）」を示して発表されるもので，次の図のように，警戒が必要な範囲を示し，これが人の居住する地域にも及ぶ場合には，その地域内の人々は生命を守るために避難が必要になります。

私たちの生命に直接に影響を及ぼすような噴火は，破局的（爆発的な）噴火を除けば，火口周辺への影響にとどまるものが多いでしょうが，それでも火山の近くは温泉地などの観光地となっていることも多く，また登山者等火山付近にいる人には生命に直接に影響を及ぼすような噴火に直面する可能性があるた

噴火警報の発令範囲

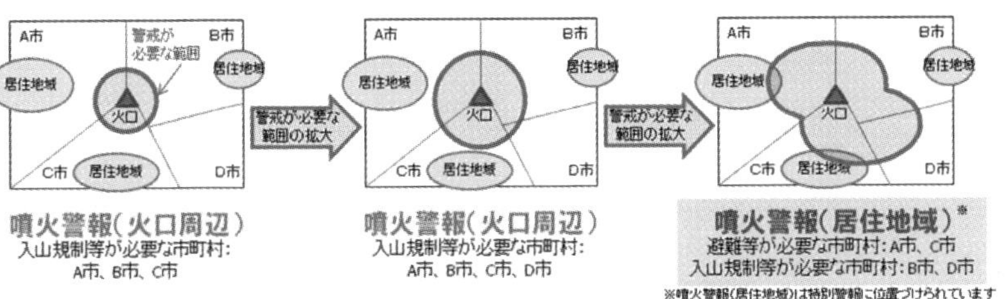

気象庁ウェブサイトより（https://www.data.jma.go.jp/svd/vois/data/tokyo/STOCK/kaisetsu/volinfo.html，2023年4月1日最終閲覧）

め，噴火警報等の情報に特に留意する必要があるといえます。

また，登山者や火山の周辺の住民に対して，火山が噴火したことを端的（たんてき）にいち早く伝え，身を守る行動を取ることを求めるために発表されるものとして，噴火速報があります。

噴火速報は，行政からの情報発信のほか，ヤフーニュースや日本気象協会などの提供する防災アプリ等でも配信されることとなっており，登山をする人などはそうした情報収集の手段を用意しておく必要があるでしょう。

このほか，火山に関しては降灰（こうはい）予報や航空路火山灰情報などがあります。

4　避難情報に対応する避難場所

様々な避難に関する情報が存在しますが，そうした「災害情報に応じた避難場所」について検討しなければならないと考えられます。

皆さんの中には，「災害が起こったら近くの小学校へ避難しよう」と考えている人がいるかもしれません。それ自体は間違ってはいませんが，ここでの「災害」とは，地震・津波・大雨・洪水・土砂災害などすべてを含むという前提で考えているでしょうか。

自宅と小学校がともに高台に位置していたとしても，自宅から小学校までの避難経路が低地であれば，洪水や津波の際には自宅に留(とど)まる方が安全といえるかもしれません。また，避難経路に低地が無ければ，少し距離があっても小学校よりも遠くに位置する（高台に位置する）公民館や中学校を避難場所とする方が安全といえるでしょう。

地震の際にも，避難経路ががれきで通行できないということもありますので，ブロック塀の多い住宅街などを避難経路として用いる避難場所は「避難経路」に着目すると危険があるといえます。

そして，そもそも「避難場所」とされている場所が，すべての災害に対して適しているわけではありません。

指定緊急避難場所は，災害に応じて指定されることとされていますので，洪水には適しているものの，津波には適していない避難場所が存在することがあります。

こうした情報（避難場所の位置やこれがどういった災害に適しているかといった情報や避難場所への避難経路）を適切に理解したうえで，避難場所を決めなければなりません。

おそらく多くの人は，そこまで意識していないと思いますが，「避難所」「避難場所」の違いなど，一般人からすると分かりづらいことも多く，災害が発生してから避難場所や避難経路を調べていては，身の安全の確保に間に合わないということもあります。

日頃から意識して，災害に応じた避難場所について各自が考えておく必要があるでしょう。

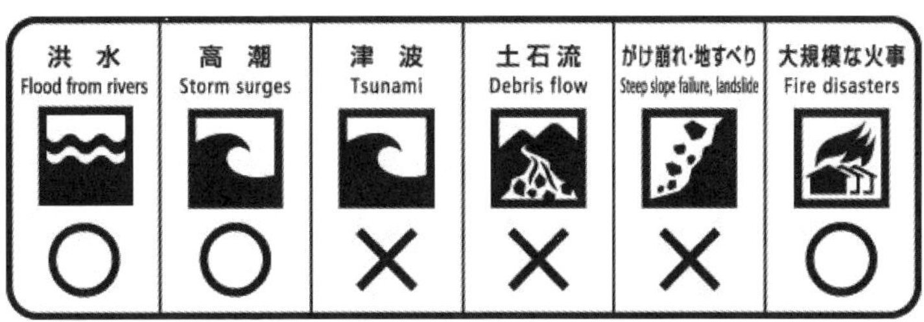

藤沢市ウェブサイト（https://www.city.fujisawa.kanagawa.jp/kikikanri/bosai/siteihinannjyo.html，2023 年 4 月 1 日最終閲覧）

皆さんの中には，「行政が分かりやすく情報発信をするべきだ」と考える人もいるかもしれません。しかし，行政が皆さん一人ひとりの状況に応じて，個別に情報発信をすることは困難です。

もしかすると，将来，気象の予測等の科学技術の発達や AI の発達によって，個別の安全な避難経路や安全な避難場所の提供をすることができる時代が到来するかもしれません。しかし，現状こうしたことができないことから，行政だけではなく，地域住民の力を借りて，高齢者や障害者の避難の支援を行う制度が存在します。この点については，Ⅲで紹介したいと思います。

5　避難場所の責務

災害に応じて各避難場所が指定された場合に，この避難場所とされる場所・施設にはどのような「責務」があるのでしょうか。

一般的には，施設等に管理者がいる場合には，その管理者には，施設等に関しての責務があるということができるでしょう。例えば，会社や学校などであれば，その管理者は，構成員（従業員や教職員，生徒，学生など）に対して，構成員の安全を守る責任があるといえます。その意味では，避難場所等に指定されていない場合であっても，従業員等との関係において災害時の安全確保の責務はあるといえます。これは，いわゆる「安全配慮義務」といわれるもので，東日本大震災でも従業員等との関係で裁判となりました（七十七銀行訴訟や常磐山元自動車学校訴訟など）。

それでは，小学校などが津波などの避難場所として指定されている場合に，小学校の周辺住民との関係で，小学校には何らかの責務があるといえるでしょうか。

これについては，東日本大震災時の野蒜小学校訴訟で，「防災上重要な施設の管理者は，法令又は地域防災計画の定めるところにより，誠実にその責務を果たさなければならず，災害に関する情報の収集及び伝達に努めなければならない上（災害対策基本法7条1項，51条），本件防災計画において，防災上重要な施設の管理者等は，災害時に防災対策業務を行うとされていること，本件小学校の危機管理マニュアルにおいて，大地震が発生した際に津波などに関して情報収集を行うとされていることからすると，本件地震当時，指定避難場所である本件小学校を現実に管理していた本件校長は，本件小学校の管理者である本件教育委員会の補助機関として，本件小学校について，防災対策業務を行い，災害に関する情報を迅速かつ適切に収集及び伝達し，当時の一般的な知見等に照らして避難者らの生命又は身体に対する有害な結果を予見し，その結果を回避するための適切な措置を採るべき法的義務を有していたというべきである。」（仙台地方裁判所平成28年3月24日判決）として，指定避難場所（防災上重要な施設）の管理者（補助機関を含む）には，周辺住民等の避難者に対する責務があることが示されました。

ここで，防災上重要な施設とは，災害対策本部や避難場所，災害拠点病院を指すとされますが[25]，小中学校等はそのほとんどが避難場所等に指定されているため，「防災上重要な施設」としての責務を負うということになります。

公立の小中学校や市の公民館，市役所などが防災上重要な施設として必要な要件（耐震性など）を満たすべきことは当然ですが，最近では「津波避難ビル」などのように民間の施設が避難場所として指定されることがあります。そうした民間施設についての責務も小学校等と同様に考えるべきでしょうか。

民間施設についても，「防災上重要な施設」と位置づけられるとすれば，小学校等と同様の責務を有するということになるでしょう。ここで，①当該民間施設について耐震上問題がある場合（建築偽装や民間施設側の責任とされるもの）に，「指定」をした地方公共団体に責任が及ぶことがあるでしょうか。また，②

(25)　東京都ウェブサイトより（https://www.zaimu.metro.tokyo.lg.jp/kentikuhozen/eizen/taisinka.htm，2023年4月1日最終閲覧）

当該民間施設が避難場所として使用される場合に，「防災上重要な施設」の管理者として適切に対応できなかった場合（それにより避難者らに被害が発生した場合）に，「指定」をした地方公共団体に責任が及ぶことがあるでしょうか。

実は，こうした民間施設が避難場所として指定されている場合の法的な責務等については，これまで十分に議論されてきていません。ある意味「善意の協力者」として扱われ，なおかつ「災害」という緊急時であることを前提に，責任の所在については曖昧（あいまい）なままにしてきたのかもしれません。

もちろん，民間施設側に対して責務が押し付けられることとなれば，協力する施設が存在しなくなるということになりかねないという懸念があります。協定書の中でも，行政と民間施設との間の責任の所在は決して明確なものではないということができるかもしれません(26)。

避難した場所が公立の小学校等であれば，津波訴訟のようなことが起こった場合に，国家賠償訴訟で責任追及ができるけれども，避難した場所が民間施設であれば同じようには責任追及ができないとなると，問題であると思います。

もちろん，民間施設についての一定の免責（これについての行政側の補塡（ほてん）も含めて）は必要になるかもしれません。ただし，津波避難ビルの整備に補助金などとして税金が投入されることも

(26)　協定書のひな型として，大阪市のものがありますが，ここでも責任の所在は明確とはいえません（https://www.city.osaka.lg.jp/yodogawa/cmsfiles/contents/0000139/139027/020101-2kyouteisho.pdf）。

あり[27]，そうした民間の避難場所についての行政，民間施設側の責任のあり方，責任分担については明確にしておく必要があると思います。

6　避難に関する情報発信の責務

行政の避難に関する情報発信が争点となった裁判がありますので，その中でも注目される3つの災害に関する裁判について紹介したいと思います。

①　佐用町豪雨

2009年8月9日に台風9号による影響によって発生した豪雨・水害によって，兵庫県佐用町では20名の死者行方不明者が発生するという大きな被害を出す結果となりました。

この遺族の一部が，早い段階から「避難勧告を出すべきであったにも関わらず，これを怠ったこと」，一定の時間経過後の段階では「垂直避難を前提とする避難勧告を出すべきであったにも関わらず，これを怠ったこと」などとして，町長の避難勧告発令権限の不行使等を理由として，国家賠償訴訟を提起しました（神戸地方裁判所姫路支部判決平成25年4月24日判例地方自治372号40頁[28]）。

---

(27)　静岡市ウェブサイト（https://www.city.shizuoka.lg.jp/000_001533.html，2023年4月1日最終閲覧）藤沢市ウェブサイト（http://www.city.fujisawa.kanagawa.jp/bousai/bosai/bosai/taisaku/h250701hojo.html，2023年4月1日最終閲覧）なども参照。

(28)　村中洋介「地方公共団体の発する避難勧告の適法性」自治体学：自治体学会誌28巻2号（2015年）29頁以下参照。

裁判所は，避難勧告の発令等による責任発生の根拠について，「災害対策基本法60条1項は，「災害が発生し，又は発生するおそれがある場合において，人の生命又は身体を災害から保護し，その他災害の拡大を防止するため特に必要があると認めるときは，市町村長は，必要と認める地域の居住者，滞在者その他の者に対し，避難のための立退きを勧告……することができる。」と規定して，市町村長に対し，必要に応じて，住民等に対して避難のための立退きを勧告する権限を与えている。そして，避難勧告は，この権限に基づいて市町村長によって発令されるものである」が，避難勧告は，「地方自治体がその対象地域の住民等に対し，避難行動をとることを強制するものではなく，住民が当該勧告を尊重することを期待して避難の立退きを勧め，又は促すものであるから，住民らは，任意の判断により，避難するかどうかを決定することができる。また，住民に対する危険の程度，状況は，個別性が強いものであるから，避難するかどうかそのものが，最終的には，個人の判断に委ねられるともいえるものである。したがって，避難勧告は，法的拘束力を有するものではないから，対象者に対し，原則として不利益を課することになる行政処分にみられるような処分性を認めることはできない」として，避難勧告が行政指導として法的拘束力を有しないものであるとしました。

避難勧告等は，強制力・法的拘束力のないものといわれますが，これは，住民が任意に自己の判断によって従うかどうかを判断する行政指導として性質から，そのように判断されてきました。

その上で裁判所は,「災害対策基本法は,……常に避難勧告を発令すべき旨を市町村長に義務付けているものではなく,市町村長の裁量において避難勧告を発令するかどうかを決定する権限を与えたもの」であり,避難勧告発令の判断は,「市町村長の専門的判断に基づく合理的裁量に委ね」られていて,避難勧告権限の不行使の判断は,「具体的事情の下において,市町村長に……権限が付与された趣旨・目的に照らし,その不行使が著しく不合理と認められる時でない限り,違法と評価されることはない」との避難勧告発令等の違法性判断基準を示しました。

これに照らして,佐用町長に「裁量権を逸脱する権限不行使又は行使があったということはでき」ず,損害賠償責任は認められないと判断をしました。

佐用町の事例からすると,被災者の避難と避難勧告の発令等の因果関係の証明が困難であっても,当時の豪雨災害の状況を佐用町が定めていた避難勧告の発令基準と照らした場合に,河川の水位や降水状況からそれが明らかに避難勧告の発令基準を充たし,かつ避難勧告を発しないことについての合理的な理由が存在しないのであれば,避難勧告を発令しなかったことについての賠償が認められる可能性があるというべきでしょう。

つまり,違法または不十分な避難勧告の発令等と因果関係を有する住民の避難行動によって,住民らの生命,財産等への影響が生じた場合には,国家賠償が認められるものと考えられます[29]。

---

(29)　避難勧告と避難指示を分けて,避難勧告については,「損害賠償

地方公共団体の発する避難勧告や直接確認できる予兆(よちょう)現象の情報（崖崩れ等）が，住民の避難行動に結びつくものであって，ニュース等で得ることができる降水量の情報では，住民が危険性を理解することは難しいとする報告もあります[30]。

地方公共団体が災害時に発する避難勧告等は，直接住民の避難行動に結びつくものとして，住民の生命，財産を守るための役割は大きいものであると考えられます。

しかし，避難勧告等といっても，どのようなかたちで避難に関する情報提供を行うかも考えていかなければならないでしょう。

②　東日本大震災

東日本大震災では津波被害に関して様々な訴訟が提起されました。中でも有名なものとしては，大川小学校や野蒜小学校の津波訴訟がありますが，これらは，避難に関する情報との関係での訴訟ではなく，学校管理者の責任が問われるような事例ですので，ここでは触れません[31]。

ここでは，気象庁の津波警報等の発令について，これが過小なものであったことから避難行動が遅れ，結果として住民の死

等は原則的に考えられない」とするものもありますが（荏原明則「避難勧告と避難指示」法学教室242号（2000年）3頁），事例によっては避難勧告についての損害賠償が認められる余地があるでしょう。

(30)　奥村誠＝塚井誠人＝下荒磯司「避難勧告への信頼度と避難行動」土木計画学研究・論文集18巻2号（2001年）315頁。

(31)　関心のある方は，村中洋介『ど～する防災【地震・津波編】』（信山社，2020年）なども参照してください。

亡につながったなどとする訴訟がありましたので，こちらについて紹介しておきます（盛岡地方裁判所判決平成27年2月20日判例時報2268号91頁，仙台高等裁判所判決平成28年4月15日LEX/DB文献番号25542777，最高裁判所第二小法廷決定平成29年4月26日LEX/DB文献番号25545896）。

この事件は，2011年3月11日の東日本大震災における津波被害によって死亡した人の遺族が，気象庁の出した津波警報は予想される津波到達高を過小に発表されたこと，陸前高田市が，津波に関する情報を住民に周知するための設備を十分に備えていなかったために，津波に関する情報を周知しなかったなどと主張して提起されました。

陸全高田市が非常用電源を十分に備えていなかったことについて，裁判所はその違法性を認めませんでした[32]。

津波についても，気象庁の津波警報等の発令について，予見可能性がなかったとして，原告の訴えを退けました。

この点，気象庁が東日本大震災後に検討会を開き，津波警報等のあり方の見直しにつながりましたので，その点について触れておきたいと思います。

東日本大震災に関連する津波の気象庁の予見（可能性）としては，大津波発生の予見（これを予見し，過小評価とならない程度の津波警報等を発することができたか）が考えられます。

気象庁は，東日本大震災後に，「東北地方太平洋沖地震によ

(32)　詳しくは，村中洋介『災害と国家賠償』行政法研究16号（2017年）47頁以下も参照してください。

る津波被害を踏まえた津波警報改善に向けた勉強会」を開催し，津波警報等の発令が過小評価となったことについての検討を行っています。

この検討の中では，宮城県沖で予測されていた地震が，マグニチュード８以下のものであったために，これを超えるような地震であったと想定できず，そのような認識の下で津波警報が発表されたとしています。

勉強会の「最終とりまとめ」(33)では，「津波警報発表の経緯と津波警報第１報が過小な予測となった要因」として，「地震発生後３分間の緊急作業において，通常の手順で震源と規模（M7.9）が推定され，また，地震調査委員会で評価されていた宮城県沖地震（M7.5 前後）や宮城県沖・三陸沖南部海溝寄り連動型（M8.0 前後）と震源・規模ともほぼ同じであったこと，地震波形に長周期成分の卓越や，振幅の成長が見られなかったことから，地震の規模が M7.9 よりはるかに大きいという認識を持つことはなく，推定された震源・規模に基づき，津波警報第１報を発表した。」(34)と記されています。

---

(33)　気象庁ウェブサイト「東北地方太平洋沖地震による津波被害を踏まえた津波警報の改善の方向性について（最終とりまとめ）」（http://www.jma.go.jp/jma/press/1109/12a/tsunami_kaizen_matome.html，2023 年 4 月 1 日最終閲覧），気象庁「東北地方太平洋沖地震による津波被害を踏まえた津波警報の改善の方向性について（平成 23 年 9 月 12 日）」（http://www.jma.go.jp/jma/press/1109/12a/torimatome.pdf，2023 年 4 月 1 日最終閲覧）。

(34)　気象庁「東北地方太平洋沖地震による津波被害を踏まえた津波警報の改善の方向性について（平成 23 年 9 月 12 日）」9 頁。

しかし，津波警報等発令の経緯（けいい）として，「緊急地震速報における地震波データの処理では，地震検知から約105秒後に地震の規模を最終的にM8.1と推定した。」(35)とも記されていて，他のデータを参照することによって，地震の規模が想定よりも大きい可能性を認識できていたと考えられます。

技術が進歩して，様々なデータを収集することが可能になったとしても，そのデータを用いる「人間」の経験等に基づく認識によっては，本来あるべきデータの用いられ方がなされない可能性もあります。

裁判では，気象庁の過失が認められませんでしたが，ここで，仮に気象庁が巨大な津波を予見できたとしても，津波警報等によって住民が確実に避難するなどの，住民の行動との因果関係が示されなければ，賠償が認められることもないでしょう。

避難に関する情報等と私たち住民の避難行動との間の因果関係が，こうした裁判において最もハードルの高い壁であるといえると思います。それについて分かりやすい例として，最近の事例である御嶽山噴火に関する訴訟がありますので，次にこれについて触れておきたいと思います。

③　御嶽山噴火

御嶽山は，長野県と岐阜県の県境にある高さ3067メートルの活火山ですが，2014年9月27日の正午前に御嶽山が噴火し，この噴火による噴石等によって登山者58人が死亡し，5名が

(35)　気象庁「東北地方太平洋沖地震による津波被害を踏まえた津波警報の改善の方向性について（平成23年9月12日）」7頁。

行方不明となりました。

御嶽山では，噴火前の2014年9月10日に52回，翌11日に85回の火山性地震が観測されていました。このことから，噴火警戒レベルを1（平常＝当時）から2（火口周辺規制）へ引き上げるべきであったにも関わらず，気象庁がこれを怠ったために，登山者の死亡等の結果を招いたなどとして，噴火により死亡した人の遺族など（原告）が，国や長野県に対して国家賠償法に基づき総額3億7600万円を請求する訴訟を提起しました（長野地松本支判令和4年7月13日LEX/DB文献番号25593263[36]）。

この裁判で原告は，2014年9月10日などの（1日に50回を超える）火山性地震について，これが噴火警戒レベルを2に引き上げる目安である「火山性地震が1日に50回以上」を満たしていることから，気象庁は2014年9月12日に噴火警戒レベルを引き上げるべきであったことを怠ったことの違法性についての判断を求めました（争点①）。

これとともに原告は，その後，山体膨張を示すわずかな地殻変動が生じたことをから，これを踏まえたうえで，気象庁は遅くとも2014年9月25日（噴火の2日前）までに，噴火警戒レベルを噴き上げるべきであったことを怠ったことの違法性についての判断を求めました（争点②）[37]。

---

(36)　2023年4月1日現在，東京高等裁判所で訴訟が係争中です。

(37)　長野県が山頂などに設置していた地震計について，これが故障していたにもかかわらず，故障を知りながらも1年余りの間，修理を怠ったことについての違法性についても争点とされましたが，避難情報とは直接関係しないため，ここでは触れません。詳細については，村中洋介「御嶽山国賠訴訟」行政法研究48号（2023年）頁

裁判所は争点①について，噴火警戒レベルに関する判定基準には「1日に50回以上の火山性地震の発生」[(38)]などの事由を列挙しているものの，判定基準の欄外（らんがい）に「これらの基準は目安とし，上記以外の観測データも踏まえ総合的に判断する」[(39)]との記載があることを踏まえると，列挙事由の1つでも満たした場合に直ちに噴火警戒レベルを引き上げる職務上の注意義務が気象庁職員にあったとはいえないとしました。

そして，裁判所は争点②について，2014年9月25日には，山体膨張の可能性を示すわずかな地殻変動が確定的に観測されたとまではいえず，その可能性が示されたに過ぎないことから，

以下も参照してください。

(38)　2022年4月18日現在の御嶽山の噴火警戒レベルの基準表においても同様に，火山性地震の回数等に関する基準が示されています（https://www.data.jma.go.jp/svd/vois/data/tokyo/STOCK/level_kijunn/312_level_kijunn.pdf）。

(39)　2022年4月18日現在の御嶽山の噴火警戒レベルの基準表においては，「これまで観測されたことのないような観測データの変化があった場合や新たな観測データや知見が得られた場合はそれらを加味して評価した上でレベルを判断することもある。」と記載されています。また，2022年4月18日現在の「御嶽山の噴火警戒レベル判定基準とその解説」（https://www.data.jma.go.jp/svd/vois/data/tokyo/STOCK/level_kijunn/312_level_kaisetsu.pdf）においては，「（判定基準）レベル1の段階で，次のいずれかの現象が観測された場合，レベル2に引き上げる。①火口周辺に影響を及ぼす噴火の可能性（次のいずれかが観測された場合）」として，「火山性地震の増加（地震回数が50回／日以上）」が記載されていることから，今日においては，火山性地震の増加が確認された場合には，気象庁は直ちに噴火警戒レベルを2へ引き上げる義務があるということができるでしょう。

直ちに噴火警戒レベルを引き上げるべき注意義務が生じていたとはいえないとしましたが，2014年9月10日の火山性地震の増加から始まる一連の火山活動の状況からすると，同日以降，噴火の可能性が指摘されていることから，噴火警戒レベルの引き上げも含めて慎重に検討すべきであったとしました。

そうであるにも関わらず，15分から20分程度の検討で安易に地殻変動と断定できないとの結論を出し，噴火警戒レベルを引き上げないとの判断をしたことは，慎重に検討をすべき注意義務を尽くしたとはいえず，噴火警戒レベルを据え置いた判断は，著しく合理性に欠けて違法であるとしました。

このように裁判所は，気象庁の職員の判断を「違法」と判断しましたが，だからといって，直ちに「賠償しなければならない」わけではありません。東日本大震災の事例でも出てきましたが，被った被害と違法行為の間に「因果関係」がなければ賠償する必要はないということになります。

この因果関係について，仮に気象庁が注意義務を尽くしても，噴火警戒レベルの引き上げには一定程度の時間を要する可能性があり，引き上げ後の立ち入り規制などの措置が，被害者らが今回の噴火時に火口周辺に立ち入るまでに確実にされたと認めるのは困難であるとしました。そして，噴火前の登山者の行動が十分に明らかになっているとはいえないことも考慮すると，気象庁が注意義務を尽くして（噴火警戒レベルの引き上げについての慎重な検討を行い，もしくはこの検討の結果として引き上げがなされて）いれば被害が生じていなかったと認めるのは困難で，気象庁の違法行為（慎重な検討をすべきすべきにもかかわらずこれを怠ったこと）と登山者らの死亡等という損害との間に相当因果関係[40]があるとはいえないとしました。

このように，気象庁には注意義務に反する（国賠法上の）違法な行為があるとしたものの，結論としては，そうした気象庁の違法な行為と登山者の死亡等という結果に因果関係が認められない以上は賠償責任を負わないとしました。

裁判所によって，国や地方公共団体の行為が「違法である」と判断されても，因果関係が認められなければ賠償は認められないわけですが，やはりこの因果関係についての立証（りっしょう）が難しいと考えられます。

人々の避難行動は，行政が出す避難に関する情報のみに基づいて行われるわけではないでしょうし，地方公共団体や国などが様々な情報を出している結果として，私たちは「どれか一つの情報」に基づいて行動できないことにもなるかもしれません。

結局のところ私たちは，気象庁が出す情報や地方公共団体の出す避難指示等を絶対の情報とするのではなく，そうした情報を「参考」としながらも，自らの生命を守るための行動をとらなければならないということになります。そのためにも，様々な災害・防災に関する知識を身に付けることが必要になるのでしょう。

---

(40)「損害と条件関係にある原因事実で，当該結果と同種の結果を発生させる客観的可能性を一般的に高めるものが相当因果関係にあるとされ，かかる相当因果関係にある損害のみに賠償範囲が限定される」という考え方（河上正二「ロー・クラス　債権法講義［総則］15」法学セミナー702号（2013年）67頁）。

Ⅲ　避難行動要支援者制度

災害対策基本法は，2013年改正により新たに49条の10以下に「避難行動要支援者名簿」に関する規定を設けました。この避難行動要支援者名簿は，名簿という個人情報を取扱うことから，個人情報の保護上慎重な意見もある一方で，災害時の避難や支援等のために平時から避難行動要支援者に関する情報を関係機関等と共有することの重要性も指摘されるものです。

一方で，避難行動要支援者名簿は市町村等の関係部局にとどまらず，警察等の行政機関をはじめ自治会や自主防災組織などの外部に対して提供されうるものとされています。地域住民に年齢や病状等を知られたくないと感じている人などは，名簿情報の提供を拒(こば)むといったことも生じ，災害時の避難等における迅速な対応や必要な支援の提供を行うにあたって，そうした住民を災害時にどのように保護するかといったことも課題となります。

2013年の災害対策基本法の改正前から，高齢者や障害者等の中で自力での避難が難しい人を「要援護者」として位置づけ，行政等の支援が必要であるとして災害時の避難方法などについて検討されてきました。しかし，そうした人への支援の輪は，全国的なものではなく一部の地方公共団体において取組まれている事柄にすぎなかったといえます。

そのような中，東日本大震災を契機として，高齢者や障害者等の避難のあり方についての検討が本格化し，避難行動要支援者名簿制度を含む災害対策基本法の改正に至りました。そして，各地方公共団体に作成が求められた避難行動要支援者名簿については，今日ほぼすべての地方公共団体で作成されています(41)。

1 避難行動要支援者名簿

避難行動要支援者名簿という制度は，2013 年の災害対策基本法の改正によって新たに設けられたものですが，その制度と同様の役割を担うものは，2013 年の災害対策基本法の改正前より存在していました。

災害対策基本法の改正以前に存在したものとしては，2005 年 3 月に策定された「災害時要援護者の避難支援ガイドライン」に基づくものや，各地方公共団体が要請を受けてモデル的に運用するもの，独自に取組むものなど様々なものがあります(42)。

2005 年の「災害時要援護者の避難支援ガイドライン」は，

---

(41) 2022 年 4 月 1 日時点で，避難行動要支援者名簿を作成済の地方公共団体は，1740 団体（全体の 100%※避難指示により全町避難が続いている福島県双葉町を除く市区町村）となっている（令和 4 年 6 月 28 日内閣府・消防庁「避難行動要支援者名簿及び個別避難計画の作成等に係る取組状況の調査結果」より。https://www.soumu.go.jp/main_content/000822486.pdf，2023 年 4 月 1 日最終閲覧）。

(42) 2005 年 3 月 28 日「「集中豪雨時等における情報伝達及び高齢者等の避難支援に関する検討会」（第 7 回）議事概要について」の中で，第 7 回検討会における資料として，各地方公共団体の取組みについても記されているため，参照してください（http://www.bousai.go.jp/kohou/oshirase/h17/050328giji/050328giji.html，2023 年 4 月 1 日最終閲覧）。

2004年に発生した新潟県などでの豪雨や台風によっての被災状況が多数の高齢者等の死亡・行方不明が生じたことについて，防災部局と福祉関連部局等との連携不足，要援護者情報の共有・活用が限定的であること，要援護者の避難支援について具体化されていないなどの問題点があるとされました。こうした背景を基に，近隣住民等による要援護者（高齢者・障害者など）の支援を含む，市町村による体制整備などを行うことを前提として定められたものです。

今日においては，年々高齢化が進み，特に大規模災害時には，消防組織（消防団含む）や自主防災組織等だけでは，避難時の支援を必要とする人すべてへの対応が困難となっていることから，自治会等をはじめとする近隣住民などが避難支援をすることができる体制を整える必要があるといえます。一方で，個人情報保護の要請がより強く求められている中で，要援護者（避難行動要支援者）に関する情報の管理や共有のあり方，またその対象となる人の範囲などについては，慎重に検討する必要があるといえます。

2013年に改正された災害対策基本法は，「避難行動要支援者名簿」の作成を市町村に対して義務づけました。それまでの「災害時要援護者の避難支援ガイドライン」によって指針を示すだけでは地方公共団体による実効性のある施策に結びつかないと判断されたのかもしれません。

「避難行動支援者名簿」の制度は，東日本大震災において，「犠牲者の過半数を65歳以上の高齢者が占め，また，障害者の犠牲者の割合についても，健常者のそれと比較して2倍程度と推計」(43)されるとされ，そのような被災の傾向が過去の大規模な震災・風水害等においても共通してみられること等から，災害時に自力避難等に支障がある人についての避難支援を強化する制度の構築が必要とされました。

そして，その方法として，避難行動要支援者の名簿整備により平常時から，災害時に避難支援を要するものを確認し，名簿を用い関係機関等との連携を図ることとして導入されたものです(44)。そうした被災者の状況については，内閣府の報告書などによっても示されており(45)，こうした状況の改善の必要性が指摘されています(46)。

そのような背景を踏まえ2013年の災害対策基本法の改正によって，新たに49条の10から49条の13が追加され，ここで避難行動要支援者名簿に関して定められました。

災害対策基本法49条の10は，1項で各市町村における避難行動要支援者名簿の作成を義務づけ，2項で避難行動要支援者名簿における記載・記録事項として，要支援者の「①氏名，②生年月日，③性別，④住所又は居所，⑤電話番号その他の連絡

---

(43)　平成25年6月21日府政防第559号，消防災第246号，社援総発0621第1号通知「災害対策基本法等の一部を改正する法律改正後の災害対策基本法等の運用について」1頁。

(44)　上記平成25年6月21日通知1頁。

(45)　内閣府「災害時要援護者の避難支援に関する検討会報告書」1頁，内閣府「避難行動要支援者の避難行動支援に関する取組指針（平成25年8月）」1頁など。

(46)　宇賀克也「防災行政における個人情報の利用と保護」季報情報公開個人情報保護52号（2014年）33頁。

先，⑥避難支援等を必要とする事由，⑦前各号に掲げるもののほか，避難支援等の実施に関し市町村長が必要と認める事項」を規定しています。

また，3項で避難行動要支援者名簿作成にあたって必要な情報(47)については市町村内部において目的外利用をできること，4項で市町村長が避難行動要支援者名簿作成にあたって必要な情報について都道府県知事その他に対して提供を求めることができるとしています。

この災害対策基本法49条の10は，高齢者等必要な人についての「避難行動要支援名簿」を市町村に作りなさいといっていることになります。そして，そうした名簿は，単に「作るだけ」では役に立ちません。日頃から（平時から）災害に備えた準備を行うために，名簿の情報を共有，提供することができるとしています。これについては，災害対策基本法49条の11に定められています。

災害対策基本法49条の11は，1項で避難支援等のために避難行動要支援者名簿の情報の本来の目的以外での行政内部での利用が可能であること，2項で災害に備えるために，原則本人の同意を得たうえで平時から避難行動要支援者名簿の情報を外部（消防，警察，民生委員や自主防災組織など）に提供することができるとしています。また，3項で災害が発生した際や災害発生

(47)　ここでの内部利用情報としては，障害等に関する福祉部局が有する情報等が含まれるが，名簿作成に関してどのような情報が必要とされるかは，各地方公共団体が判断し内部利用できることとされています。

避難行動要支援者の避難行動支援に関する制度的な流れ

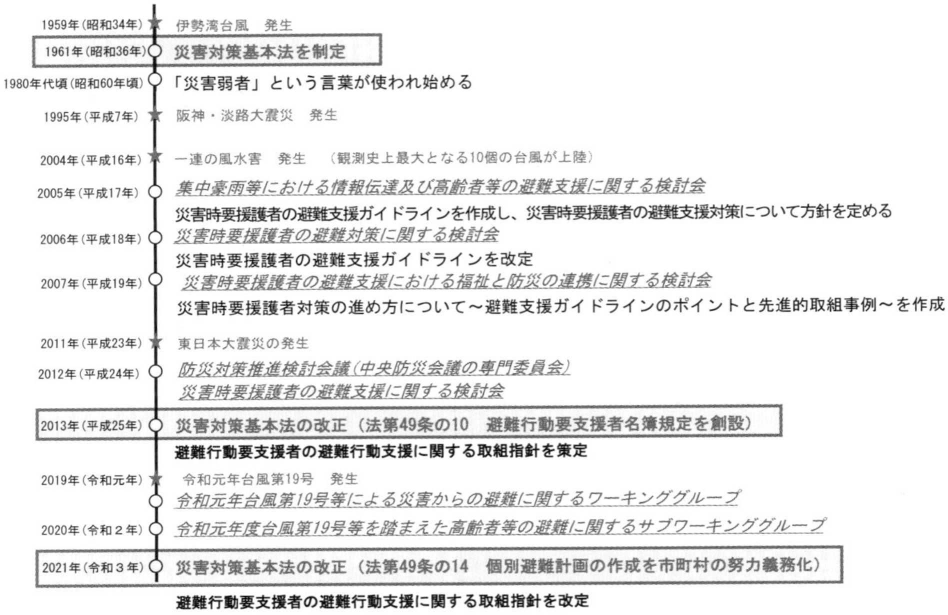

1959年（昭和34年）★	伊勢湾台風　発生
1961年（昭和36年）○	**災害対策基本法を制定**
1980年代頃（昭和60年頃）○	「災害弱者」という言葉が使われ始める
1995年（平成7年）★	阪神・淡路大震災　発生
2004年（平成16年）★	一連の風水害　発生　（観測史上最大となる10個の台風が上陸）
2005年（平成17年）○	*集中豪雨等における情報伝達及び高齢者等の避難支援に関する検討会* 災害時要援護者の避難支援ガイドラインを作成し、災害時要援護者の避難支援対策について方針を定める
2006年（平成18年）○	*災害時要援護者の避難対策に関する検討会* 災害時要援護者の避難支援ガイドラインを改定
2007年（平成19年）○	*災害時要援護者の避難支援における福祉と防災の連携に関する検討会* 災害時要援護者対策の進め方について～避難支援ガイドラインのポイントと先進的取組事例～を作成
2011年（平成23年）★	東日本大震災の発生
2012年（平成24年）○	*防災対策推進検討会議（中央防災会議の専門委員会）* *災害時要援護者の避難支援に関する検討会*
2013年（平成25年）○	**災害対策基本法の改正（法第49条の10　避難行動要支援者名簿規定を創設）** **避難行動要支援者の避難行動支援に関する取組指針を策定**
2019年（令和元年）★	令和元年台風第19号　発生
○	*令和元年台風第19号等による災害からの避難に関するワーキンググループ*
2020年（令和２年）○	*令和元年度台風第19号等を踏まえた高齢者等の避難に関するサブワーキンググループ*
2021年（令和３年）○	**災害対策基本法の改正（法第49条の14　個別避難計画の作成を市町村の努力義務化）** **避難行動要支援者の避難行動支援に関する取組指針を改定**

内閣府ウェブサイトより（http://www.bousai.go.jp/taisaku/hisaisyagyousei/yoshiensha.html，2023年４月１日最終閲覧）

のおそれのある場合などの緊急時には，本人の同意なく避難行動要支援者名簿を外部提供することができるとしています。

このように，名簿作成とともに，名簿情報を行政内部または外部へ提供し，日頃からの災害に備えた準備に取組む施策となっています。

なお，災害対策基本法 49 条の 12 は，避難行動要支援者名簿の情報が個人情報であることから，外部への提供等における配慮義務を規定し，災害対策基本法 49 条の 13 は，名簿情報の提供を受けた者の秘密保持義務を規定しています。

2　個別避難計画

避難行動要支援者名簿に関連して，災害時における高齢者や障害者等の避難支援のため制度として，「個別避難計画」が設けられました。

これは，2021 年の災害対策基本法の改正によって設けられたもので，避難行動要支援者名簿の作成が市町村に義務づけられ，避難行動要支援者名簿を活用した避難支援等が検討されてきたものの，避難行動要支援者名簿の作成が広がってきている近時の災害においても高齢者の犠牲者が多い傾向に変化はありません。

近時の災害における高齢者の死者の割合（高齢者の死者数／全体死者数）

・令和 2 年 7 月豪雨　約 79%（63 人／80 人）※ 65 歳以上
　（うち熊本県　約 85%（55 人／65 人））

・令和元年台風第 19 号　約 65％（55 人／84 人）※ 65 歳以上
・平成 30 年 7 月豪雨　約 70％（131 人／199 人）※愛媛県，岡山県，広島県の死者数のうち，60 歳以上
（うち市区町村別死者数最大の倉敷市真備町　約 80％（45 人／51 人））※ 70 歳以上

令和元年台風第 19 号等を踏まえた高齢者等の避難に関するサブワーキンググループ（令和 2 年 12 月）「令和元年台風第 19 号等を踏まえた高齢者等の避難のあり方について（最終とりまとめ）」6 頁より。

こうした状況を踏まえ，「多くの高齢者が被害に遭い，障害のある人の避難が適切に行われなかった状況を踏まえ，災害時の避難支援等を実効性のあるものとするためには個別計画の策定が有効である。」[48] などとして，避難行動要支である高齢者や障害者の個別計画についての制度的な位置づけが求められ，2021 年の災害対策基本法の改正で制度化されました。

2021 年 3 月 30 日総務省消防庁「避難行動要支援者名簿の作成等に係る取組状況の調査結果」によれば（2020 年 10 月 1 日現在の状況），避難行動要支援者名簿の策定済みである地方公共団体 1727 団体のうち，個別（避難）計画[49] を策定済みの団体は，

(48)　令和元年台風第 19 号等を踏まえた高齢者等の避難に関するサブワーキンググループ（令和 2 年 12 月）「令和元年台風第 19 号等を踏まえた高齢者等の避難のあり方について（最終とりまとめ）」7 頁。

(49)　2021 年 3 月 30 日消防庁「避難行動要支援者名簿の作成等に係る取組状況の調査結果」（https://www.fdma.go.jp/pressrelease/houdou/items/210330youshiensya.pdf）では，「個別計画」と記されていますが，「個別避難計画」と同旨のものと捉えて差し支えないものと解されます。

全部策定済の団体が9.7%，一部策定済の団体が56.9%，未策定の団体が33.4%となっており，避難行動要支援者名簿の策定（ほぼすべての地方公共団体が策定済）に比べて整備が遅れてい

個別（避難）計画の策定状況

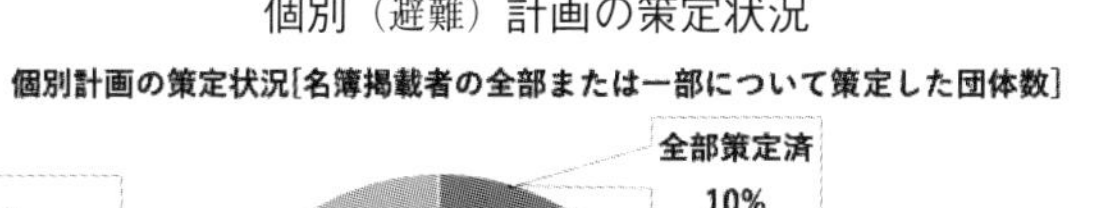

個別計画の策定状況[名簿掲載者の全部または一部について策定した団体数]

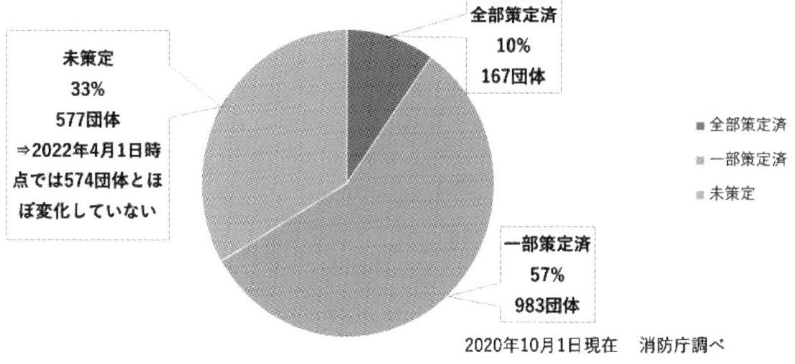

令和3年3月30日府政防第405号，消防災第34号通知「「避難行動要支援者名簿」の作成及び平常時からの名簿情報の提供の推進等について」において，「今国会に提出された「災害対策基本法等の一部を改正する法律案」が成立した場合には，これまで取組指針により位置づけられていた個別計画の策定が，個別避難計画の作成として新たに努力義務化されるため，「避難行動要支援者の避難に係る取組の準備及びこれに伴う地方財政措置の拡充等について」（令和3年1月29日付内閣府政策統括官（防災担当）付参事官（避難生活担当）・消防庁国民保護・防災部防災課事務連絡，別紙）も参考に作成準備を進めること。」として，これまでの個別計画が災害対策基本法改正後の個別避難計画に当たるものであることが読み取れます。なお，令和4年6月28日内閣府・消防庁「避難行動要支援者名簿及び個別避難計画の作成等に係る取組状況の調査結果」（https://www.soumu.go.jp/main_content/000822486.pdf）では，「個別避難計画」との表記に改められています。

ることが分かります。

2021年の災害対策基本法の改正では，市町村長が，要支援者ごとに避難支援等を実施するための計画としての「個別避難計画」を作成することの努力義務を定めました（災害対策基本法49条の14第1項）。

この個別避難計画には，避難行動要支援者名簿に記載する情報のほか，「避難支援等実施者（避難支援等関係者のうち当該個別避難計画に係る避難行動要支援者について避難支援等を実施する者をいう。次条第二項において同じ。）の氏名又は名称，住所又は居所及び電話番号その他の連絡先」（災害対策基本法49条の14第3項1号）として，要支援者の支援に協力・実際に避難を手伝う人の連絡先等，「避難施設その他の避難場所及び避難路その他の避難経路に関する事項」（同2号）などについて記載・記録が求められています。

また，災害対策基本法49条の14第4項において個別避難計画作成にあたって必要な情報については市町村内部において目的外利用をできること，同5項において，市町村長が個別避難計画作成にあたって必要な情報について都道府県知事その他に対して提供を求めることができるとしています。

そして，個人避難計画情報の利用や提供に関しては，市町村長が内部利用できること（災害対策基本法49条の15第1項），市町村長は，地域防災計画の定めるところにより避難支援等関係者（民生委員や消防，警察，社会福祉協議会などのほか，自主防災組織や自治会などが含まれる場合もある。）に対して，個別避難計画情報

個別避難計画の記載例

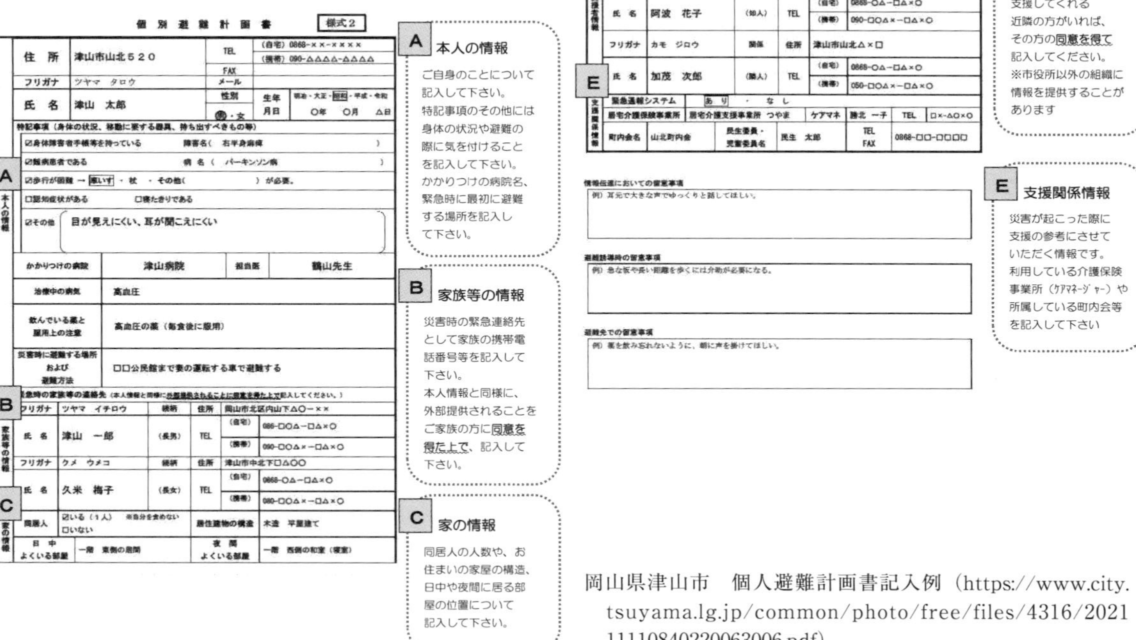

【記入の仕方】

ボールペン（消せるボールペンは不可）で、はっきりと正確に記入してください。
社会福祉施設等へ入所中の方や、家族等の支援が受けられる方は記入不要です。

個別避難計画書　様式２

A 本人の情報

住所	津山市山北５２０	TEL	（自宅）0868-××-×××× / （携帯）090-△△△△-△△△△
		FAX	
フリガナ	ツヤマ　タロウ	メール	
氏名	津山　太郎	性別 ㊚・女	生年月日 明治・大正・昭和・平成・令和　○年　○月　△日

特記事項（身体の状況、移動に要する器具、持ち出すべきもの等）

- ☑身体障害者手帳等を持っている　障害名（　右半身麻痺　）
- ☑難病患者である　病名（　パーキンソン病　）
- ☑歩行が困難 → 車いす・杖・その他（　）が必要。
- □認知症状がある　□寝たきりである
- ☑その他　目が見えにくい、耳が聞こえにくい

かかりつけの病院	津山病院	担当医	鶴山先生
治療中の病気	高血圧		
飲んでいる薬と服用上の注意	高血圧の薬（毎食後に服用）		
災害時に避難する場所および避難方法	□□公民館まで妻の運転する車で避難する		

B 家族等の情報

緊急時の家族等の連絡先（本人情報と同様に外部提供されることに同意を得た上で記入してください。）

フリガナ	ツヤマ　イチロウ	続柄	住所	岡山市北区内山下△○－××
氏名	津山　一郎	（長男）	TEL	（自宅）086-□○△－□△×○ / （携帯）090-□○△×－□△×○
フリガナ	クメ　ウメコ	続柄	住所	津山市中北下□△○○
氏名	久米　梅子	（長女）	TEL	（自宅）0868-○△－□△×○ / （携帯）080-□○△×－□△×○

C 家の情報

同居人	☑いる（１人）※自分を含めない / □いない	居住建物の構造	木造　平屋建て
日中よくいる部屋	一階　東側の居間	夜間よくいる部屋	一階　西側の和室（寝室）

D 支援者情報

避難支援者（災害時に避難支援してもらえるご近所の方を、その方の同意を得てから記入してください。）

フリガナ	アバ　ハナコ	関係	住所	津山市北園町○○
氏名	阿波　花子	（知人）	TEL	（自宅）0868-○△－□△×○ / （携帯）090-□○△×－□△×○
フリガナ	カモ　ジロウ	関係	住所	津山市山北△×□
氏名	加茂　次郎	（隣人）	TEL	（自宅）0868-○△－□△×○ / （携帯）050-□○△×－□△×○

E 支援関係情報

緊急通報システム	あり・なし				
居宅介護保険事業所	居宅介護支援事業所　つやま	ケアマネ	勝北　一子	TEL	□×-△○×○
町内会名	山北町内会	民生委員・児童委員名	民生　太郎	TEL FAX	0868-□□-□□□□

情報伝達においての留意事項
例）耳元で大きな声でゆっくりと話してほしい。

避難誘導時の留意事項
例）急な坂や長い距離を歩くには介助が必要になる。

避難先での留意事項
例）薬を飲み忘れないように、朝に声を掛けてほしい。

A 本人の情報
ご自身のことについて記入して下さい。特記事項のその他には身体の状況や避難の際に気を付けることを記入して下さい。かかりつけの病院名、緊急時に最初に避難する場所を記入して下さい。

B 家族等の情報
災害時の緊急連絡先として家族の携帯電話番号等を記入して下さい。本人情報と同様に、外部提供されることをご家族の方に同意を得た上で、記入して下さい。

C 家の情報
同居人の人数や、お住まいの家屋の構造、日中や夜間に居る部屋の位置について記入して下さい。

D 支援者情報
災害時の避難を支援してくれる近隣の方がいれば、その方の同意を得て記入してください。※市役所以外の組織に情報を提供することがあります

E 支援関係情報
災害が起こった際に支援の参考にさせていただく情報です。利用している介護保険事業所（ケアマネージャー）や所属している町内会等を記入して下さい

岡山県津山市　個人避難計画書記入例（https://www.city.tsuyama.lg.jp/common/photo/free/files/4316/202111110840220063006.pdf）

の提供をすること（同2項）[50]，現に災害が発生している場合等で要支援者の生命・身体を災害から保護する必要があると認められる場合には，個別避難情報を要支援者の同意なしに外部提供できること（同3項）などが定められています。このほか，守秘義務に関する規定もあります（災害対策基本法49条の17）。

3　避難支援の対象となる人の範囲

個別避難計画は，高齢者等災害時の避難支援が必要な人に対して，事前に支援をする人や避難場所等を決めておくもので，日頃からの地域での見守りや，いざという時の対応のあり方の検討という意味でも意義のある制度であると思います。

それでは，ここで「災害時の避難の支援をしてもらえる人」とはどのような人を指すのでしょうか。

個別避難計画の対象者は，「高齢者や障害者などのうち，自ら避難することが困難であり，避難の確保を図るため特に支援を要する避難行動要支援者」とされています。「避難行動要支援者」も自力避難が困難な人とされていますので，「個別避難計画の対象者＝避難行動要支援者」または，「避難行動要支援者の中でも家族等と別居しているなどの事情があり避難支援を必要とする人」などと位置づけられるかもしれません。

ここで，避難行動要支援者は，要配慮者（高齢者，障害者，乳

(50)　平時における個別避難計画情報の外部提供にあたっては，条例等に特別の定めがある場合を除き，要支援者や避難支援等実施者（要支援者の支援に協力・実際に避難を手伝う者のこと。）の同意を前提として提供するものとされています。

幼児その他の特に配慮を要する者）のうち，災害が発生し，又は災害が発生するおそれがある場合に自ら避難することが困難であり，その円滑かつ迅速な避難の確保を図るために特に支援を要する者のことであるとされています。

また，要配慮者と同旨のものとして，災害時要援護者と位置づけられる人がいます（必要な情報を迅速かつ的確に把握し，災害から自らを守るために安全な場所に避難するなどの災害時の一連の行動をとるのに支援を要する人々をいい，一般的に高齢者，障害者，外国人，乳幼児，妊婦等があげられています。）。

要援護者の定義にあるような，外国人や妊婦などは，高齢者，障害者等以外の人として少なくとも要配慮者に含まれるといえそうですし，旅行者等その土地の災害へのそなえの状況や避難に関しての情報を持ち合わせていない人についても，ここでの要配慮者と位置づけられると考えてよいと思われます[51]。

避難行動要支援者は，そうした要配慮者のうち災害時の自力避難が困難な人とされますが，要配慮者の避難能力の有無は，①避難指示等の災害関係情報の取得能力，②避難そのものの必要性や避難方法等についての判断能力，③避難行動上必要な身体能力，に着目して判断することが想定されています[52]。

それでは，具体的にどのような人が避難行動要支援者として位置づけられているかというと，要介護認定の一定程度の介護

(51)　村中洋介『災害行政法』（信山社，2022年）89頁。

(52)　内閣府「避難行動要支援者の避難行動支援に関する取組指針（令和3年5月）」39頁。

が必要とされる状態の人や，身体障害，知的障害などの中でも重度の障害を持っている人，また独居（どっきょ）の高齢者，その他避難支援が必要と認められる人などがここに位置づけられています。

これについては，各地方公共団体によってその位置づけが異なりますので，皆さんの住んでいる地域の制度を確認するようにしてください。ただし，次の表にあるように，身体障害者や介護認定を受けている人は，多くの地方公共団体で避難行動要支援者として位置づけられています。

避難行動要支援者名簿を作成している地方公共団体において，
名簿に掲載している事項

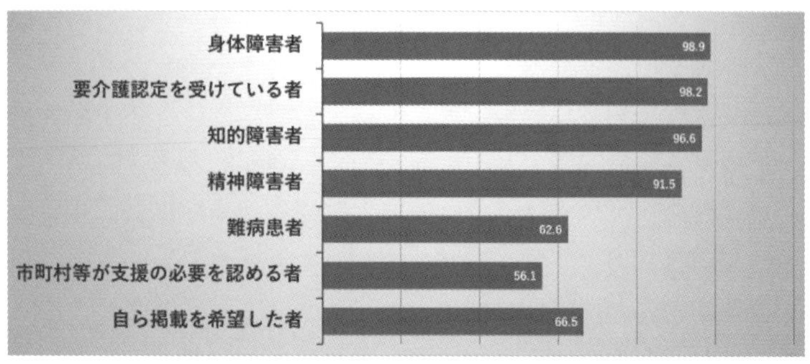

令和4（2022）年6月28日内閣府・消防庁「避難行動要支援者名簿及び個別避難計画の作成等に係る取組状況の調査結果」（2022年4月1日現在の状況）

手帳等の交付を受けている障害者や療養費に関する公的支援を受けている人については，行政内部における情報共有によって，把握することが容易であり，また高齢者や乳幼児などの年齢による区別についても行政の把握が容易となります。こうしたことから，形式的要件として，高齢者や障害者を対象とすることには合理性があるといえるでしょう。

一方で，手帳等の交付を受けるなどしていない難病や持病を患（わずら）っている人などを行政が捕捉することは，本人が積極的に支援を求めるように声を上げない限り困難なことであって，そうした人への支援のあり方を検討する余地があります。

様々な疾患の中で指定難病に含まれているものはごく一部であり，またここに含まれていない疾患であっても，例えば発作等により自力での避難に支障がある人や服薬により自力での避難に支障がある人もいるでしょう。そうした，行政の保有している情報では補足されない支援を求める人の情報を補完するには，（支援の対象となるかどうかは別としても）「本人が積極的に支援を求める」ことが必要となっているのが現状だといえます。

「形式的には自ら避難すべき・避難できる」と思われている人であっても，病気などで自力困難な状況がある場合に，こうした人を，どのようにして行政による避難支援の枠に組み込むかを考える必要もあります。こうしたことは，病気だけではなく，妊産婦や乳幼児にも同じことがいえます。

「避難支援」について，行政に頼らなくても地域住民らが相互に助け合うことができる状況になるのが理想ではあるでしょうが，高齢社会であるわが国において，支援の担い手の確保等の課題もあります。そうした課題については，次のⅣで触れたいと思います。

Ⅳ　避難支援の課題と責務

ここまでみてきた避難行動要支援者制度や個別避難計画制度などについての課題と，そうした避難の支援を行う責務（行政や家族，近隣住民など）はどのようなものであるか考えてみましょう。

1　個人情報保護と避難行動要支援者名簿の関係

避難行動要支援者名簿は，その名簿情報の取扱いについて個人情報保護の観点から問題点が指摘されています(53)。

これは，「名簿」という性格上，また持病などを含むセンシティブ情報が含まれることからも理解できるところです。

そうした情報を扱うに当たっては，災害対策基本法の中でも，情報収集や外部提供についての「本人の同意の原則」を規定しているところです。

しかし，実際には，すべての避難行動要支援者・災害時要援護者に対して「同意」を得ることは行政の人材不足等からも現

---

(53)　島田茂「災害時要援護者対策と個人情報の保護」甲南法学55巻3号（2015年）1頁以下，宇賀克也「防災行政における個人情報の利用と保護」季報情報公開個人情報保護52号（2014年）33頁以下，神山智美「災害時要援護者支援制度における情報収集・情報共有と『個人情報保護』に関する一考察 ―『個人情報保護条例』上の論点を克服するための法制度を考える」九州国際大学法学論集19巻1・2号（2012年）99頁以下など。

実的ではないとされることもあります。特に政令市などの大規模な地方公共団体では，そうしたすべての人に「同意」を得る作業には年単位の期間が必要になるかもしれません。

こうしたことから，情報収集にあたっては，地方公共団体における個人情報保護条例や個人情報保護審議会における議論を踏まえて情報収集・情報共有を行うこと（災害対策基本法認められている例外措置）や，名簿情報の外部提供について避難行動要支援者に該当する人から一人ひとりから個別に同意を得ずに，「同意しない」と表明した人以外は同意したものとみなす，といった措置を採る地方公共団体もあります。

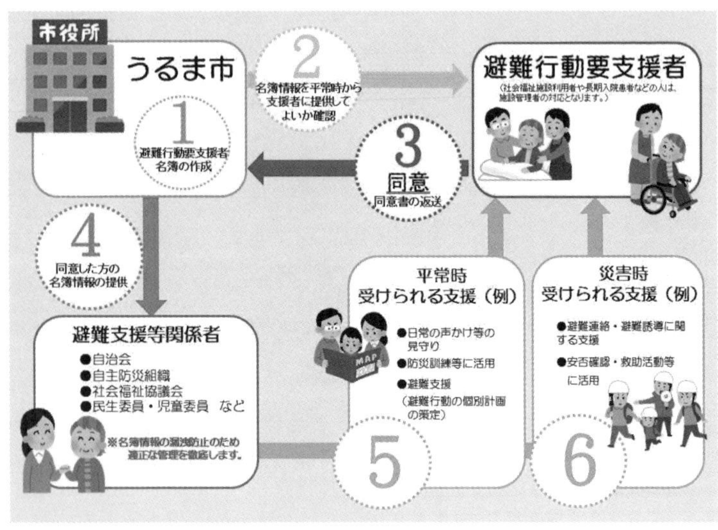

うるま市ウェブサイトより（https://www.city.uruma.lg.jp/sp/tiiki/153/1578/20143，2023年4月1日最終閲覧）

2　避難行動要支援者制度の課題

避難行動要支援者名簿の制度は，高齢者や障害者といった災害が発生した際に避難支援を必要とする人を，地方公共団体のみならず地域社会全体で支援する体制に必要なもので，災害時の避難支援の重要性からも意義のあるものといえます。

しかし，行政だけでなく避難の支援を行う自治会や自主防災組織などの近隣住民にも名簿の情報を「平時から」提供することが可能となり，個人情報保護との関係で管理や漏洩（ろうえい）の問題は生じる可能性があります(54)。

そのような制度も，支援に協力をする住民の理解によって成り立つもので，特に大規模災害時においては，消防官・警察官や地方公共団体の職員だけでは救助，避難支援が困難でとなり，そうした災害に対応し，また，地方公共団体が把握（はあく）できていない災害（局所的な土砂災害や浸水被害など）においても，地域住民の支援が極めて重要な意味を持つことになります。

避難行動要支援者の要件には該当しない人であっても避難支援を必要とする人（老老介護や等級未満の障害者）は，「手上げ方式」等で名簿に記載できることについても各地方公共団体で取組まれるところです。名簿上，外見からは避難を必要とするか

---

(54)　NHK が実施した「障害者と防災」アンケートでも，「プライバシー配慮について大きな懸念があります。」といった意見があります（NHK 福祉情報サイトハートネットウェブサイト「障害者と防災」アンケート結果（2021 年 3 月）より（https://www.nhk.or.jp/heart-net/topics/19/anq_shinsai10.html?fbclid=IwAR3UHvvXsuv9TXcuOfkkwCBhs_XMGei7prajVE7LCBjDYYyNpRkwey38SyU, 2023 年 4 月 1 日最終閲覧））。

分からない人（持病の発作が起こることのある者や薬物治療により一次的な行動制限のある人）も一定数存在します。避難行動要支援者名簿という制度を活用することによってこうした人々をどのように支援していけるか，各地方公共団体独自の取組みが期待されるところです(55)。

避難行動要支援者名簿情報の外部への提供に関して，オプトアウトの方法（個人情報を第三者提供するにあたって，その個人情報を持つ本人が反対をしない限り，個人情報の第三者提供に同意したものとみなし，第三者提供を認めること）を用いることが避難行動要支援者の把握には肝要であるということができます。

これは，オプトインの方法（同意を求め，同意があれば第三者提供を認めること）では，避難行動要支援者本人が，避難支援が必要なことを理解できていない場合や個別の同意を求める場合に避難行動要支援者本人が同意を忘れている等などの事情によっ

(55)　NHK が実施した「障害者と防災」アンケートでは,「名簿をちゃんと出しているのに１度も民生委員さんとお顔を合わせたことがありません。どうしたらいいのと思います。」,「大阪北部地震の際に要支援者名簿に登録しているにもかかわらず，行政からの安否確認の連絡もなかった。名簿が活用されているようには思えない。」といった，支援の実効性に対する懸念を示すものもあります（NHK 福祉情報サイトハートネットウェブサイトより)。避難行動要支援者と支援を行う人，行政との間で，支援のあり方について十分に話し合いを行う必要があるかもしれません。特に，2021 年の災害対策基本法の改正により，個別避難計画の作成が市町村に対して求められる（努力義務）こととなりました。今後，個別避難計画の作成が進むことが期待されますが，誰が何をどのように支援するのかが事前に話し合われていなければ,「個別避難計画の実効性」という課題に直面する可能性があります。

て，本来支援が必要であり，かつ本人もそれを拒否する意図ではない人が支援の対象にならない可能性があることになるため，オプトアウトの方法が用いられることがあります。

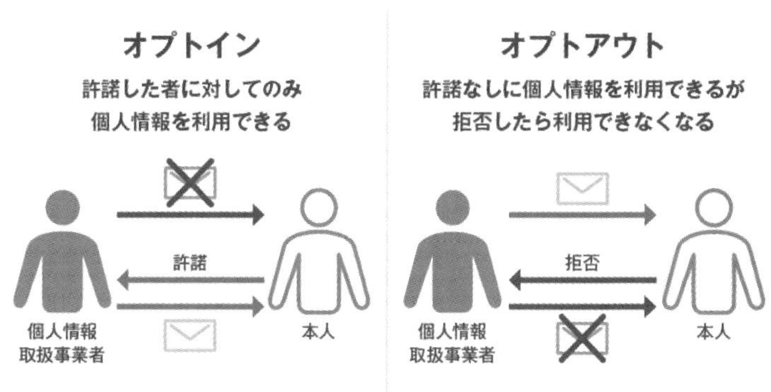
オプトイン
許諾した者に対してのみ
個人情報を利用できる
許諾
個人情報
取扱事業者
本人
オプトアウト
許諾なしに個人情報を利用できるが
拒否したら利用できなくなる
拒否
個人情報
取扱事業者
本人

J-Net21 ウェブサイトより（https://j-net21.smrj.go.jp/law/20221216.html, 2023 年 4 月 1 日最終閲覧）

ただし，持病等のセンシティブ情報を扱う以上は，その管理や責任を明確化することはもちろん，本人の「同意」を得ることが最も重要な手段であるといえます。

それでも，大規模災害はいつ発生するか分かりません。災害時に避難支援を求める可能性のある人やその家族などが，行政からのアプローチを待つのではなく自分たちの置かれた状況を理解したうえで，支援を求める姿勢を持つことも重要なことといえるでしょう。

3　個別避難計画の課題

個別避難計画には，避難行動要支援者に関する情報（避難行動要支援者名簿に登録されている情報と基本的には同じもの）のほか，避難行動要支援者の「支援に協力・実際に避難を手伝う人」の連絡先等も登録されることとなります。

こうしたことから，個別避難計画に登録される個人情報は，避難行動要支援者に関するものだけではなく，個人情報の管理をより慎重にしなければならないといえるでしょう。また，支援を行う人の個人情報が記載されることから，支援を行おうとする人の中に「個別避難計画」という公的なものに個人情報が記載されることを躊躇（ちゅうちょ）する人もいるかもしれません。

避難行動要支援者の避難支援を行う人が，自らの個人情報が個別避難計画に外部提供を前提として登録されることについて理解できるよう丁寧な説明が必要になることと思います。

それでは，個別避難計画をより実効性のあるものとするにはどうしたらよいでしょうか。

①　支援される人の意識の課題

NHK が 2020 年～2021 年に実施した「障害者と防災」アンケート(56)によれば，要支援者となりうるであろう障害者のうち，避難行動要支援者名簿に登録している者が 35.5%，登録していない者が 33.8%，分からないが 30.0%となっています。

自分の状況を理解したうえで，登録する・登録しないとの選択をしている人もいるでしょうが，自分が登録されているか

(56)　NHK 福祉情報サイトハートネットウェブサイトより。

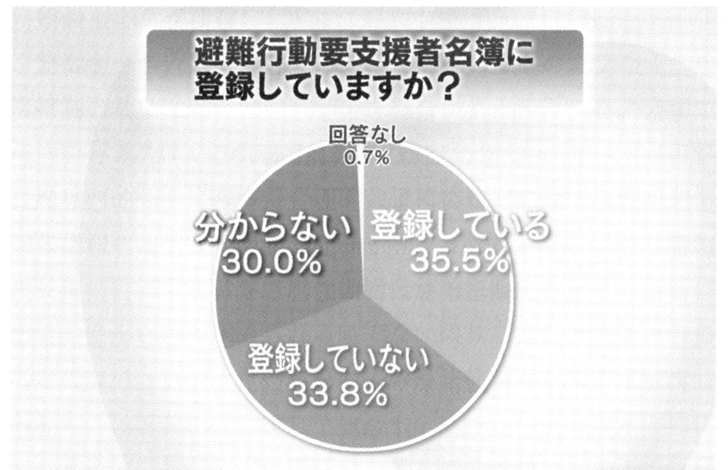

NHK 福祉情報サイトハートネットウェブサイトより

「分からない」とする者が相当数存在することが分かります。

「市役所から何も情報を教えてもらっていないので名簿が存在するのかもわからない。」といった回答も存在するとされます(57)。

避難行動要支援者名簿を，ほぼすべての地方公共団体が作成している一方で，この名簿や支援のあり方に関する要支援者自身への情報の提供や名簿情報登録に関する要支援者からの「同意」のあり方についての課題が浮き彫りとなっているといえるでしょう(58)。

---

(57)　NHK 福祉情報サイトハートネットウェブサイトより。

(58)　避難行動要支援者名簿における「同意」のあり方についての課題を指摘するものがあります（鈴木秀洋「避難行動要支援者及び要配慮者等災害時の社会的弱者の命を守るために」危機管理学研究 3

平時における避難行動要支援者名簿を，避難行動要支援者の同意を得て整備することは必要なことですが，そのためには，避難行動要支援者自身が避難支援の必要性を認識することや避難の支援をする人の確保や意識向上も必要となります。

NHK が実施した「障害者と防災」アンケートでは，避難行動要支援者となりうるであろう障害者に対して「いつ避難するかを決めているか」との問いに対して，避難準備・高齢者等避難(59)（警戒レベル3）が 18.4%，避難勧告(60)（警戒レベル4）が

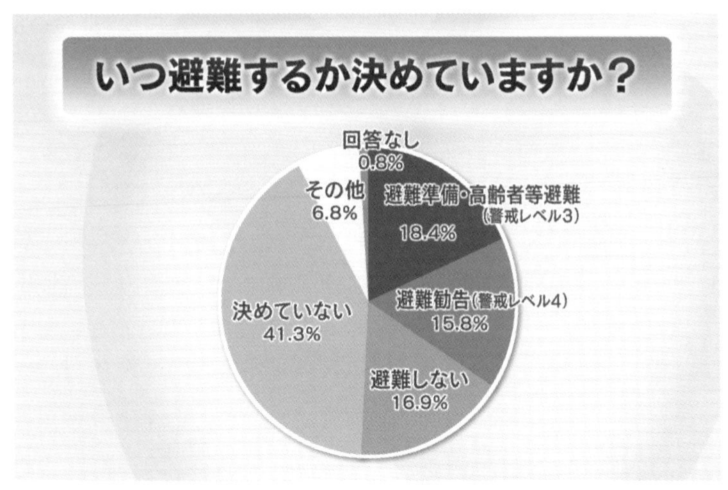

NHK 福祉情報サイトハートネットウェブサイトより

号（2019 年）12 頁)。

(59)　2021 年の災害対策基本法の改正によって，これまで警戒レベル3が「避難準備の情報」として発出されていたものが，「高齢者等避難」として対象を明確にし，避難を促すように変更されました。

(60)　2021 年の災害対策基本法の改正によって，これまで警戒レベル

15.8%，避難しないが16.9%，決めていないが41.3%となっています。このことから，避難のタイミングを決めている人は約3割にとどまっていることが分かります。

このような状況の改善のためには，避難支援をする人や行政が避難行動要支援者と日頃からコミュニケーションを取り，避難行動要支援者の避難のあり方について検討しておく必要があるといえます。そのようなコミュニケーションの結果の一形態として，個別避難計画の活用が期待されるところです。

②　個人情報の管理のあり方，第三者利用にかかる同意の原則

避難行動要支援者の支援に関して，「職務としてではなく善意に基づき無償で避難支援等に携わる民間人については，名簿情報の受領について過度な心理的負担を課し，『共助』による避難支援等の裾野自体を限定的なものとすることのないよう，本法では守秘義務違反に対する罰則を設けていない。」(61)とされるように，自治会等の関係者が善意で協力を申し出ている場合に，罰則付守秘義務を課すことは，支援を拡大するための阻害要因となるかもしれません。

しかし，持病・障害を有する等のセンシティブ情報を取扱う以上，避難行動要支援者が安心して情報の提供に同意できる名

4が「避難勧告・避難指示」として，各地方公共団体において，それぞれの発令基準に基づき発出されてきましたが，「避難指示」に一本化されました。

(61)　平成25年6月21日府政防第559号，消防災第246号，社援総発0621第1号通知「災害対策基本法等の一部を改正する法律改正後の災害対策基本法等の運用について」22頁。

簿情報の管理体制等を整えることが必要で，罰則付守秘義務を課すことも一つの方法といえます。

例えば，災害時に備えるものではなく，日頃からの地域の高齢者等の見守り活動の一環として地域の自治会等に名簿情報を提供できるよう条例を制定している中野区や足立区では，名簿管理者に対する罰則規定が設けられています(62)。日常的な見守り活動支援のための名簿情報の提供であり，災害時の避難支援という目的のための名簿情報の提供ではありませんが，個人情報を取扱う以上，個人情報保護の観点および避難支援者に対して意識をもたせる意味においても罰則を設ける意義があると思います。

③　支援する人の確保

避難行動要支援者の避難支援を行う人が，自らの個人情報が個別避難計画に登録・記載され，外部提供されることに不安を感じないように，避難行動要支援者名簿とともに，提供先の情報管理の徹底や保管，活用のあり方について十分な環境整備，当事者への説明が必要となります。

そうした体制を整えたうえで，避難支援する人を地域社会の中でどのように育てていくべきでしょうか。地域の自治会の委員のような位置づけとして，一定の謝金を支払うようにするこ

---

(62)　中野区地域支えあい活動の推進に関する条例（https://www.city.tokyo-nakano.lg.jp/reiki/reiki_honbun/aq60018611.html，2023年4月1日最終閲覧），足立区孤立ゼロプロジェクト推進に関する条例（https://en3-jg.d1-law.com/adachi/d1w_reiki/H424901010055/H424901010055.html，2023年4月1日最終閲覧）を参照。

とも考えるべきかもしれませんが，個別避難計画の中に支援する人の情報が記載され（行政等）管理されることが，避難支援を義務的なものとして捉えられる可能性もあります。

災害ごとに個別避難計画を立てる等[63]して，災害ごとに支援する人を分ける（シフト制のようなイメージ）などすれば，一定程度の負担軽減になるかもしれません。支援をする若い世代や健康な住民等の意見を聴きつつ実効性のある個別避難計画を作成していく必要があるといえます。

---

(63)　筆者は，災害ごとに個別避難計画（避難場所や必要な避難支援）を立てる必要があるのではないかと考えています。災害によって避難所は異なり，また避難経路も必然的に変わるものです。そうした場合に，例えば水害時の避難所や避難経路等が地震，津波などに関する避難の際に十分に機能する計画となるとは限りませんので，この点も考慮されるべきではないでしょうか。

V　おわりに

避難所や避難場所の違い，避難支援の制度等について理解できたでしょうか。避難場所等について，災害のたびに，また災害や防災に関する法制度の変更も数年ごとに行われることがあるため，そのたびに変更となることがあるかもしれません。

気象庁は，2022年に「防災気象情報に関する検討会」を立ち上げ，気象警報の名称や警戒レベル等の変更も含めて検討がされています。この議論の中で，これまで使われてきた気象警報等の名称変更が行われるかもしれません。2021年の災害対策基本法の改正において，避難勧告が廃止され，避難指示に一本化されたように，それまで使われてきた名称・制度が時代とともに変わることはあります。そして，近年の災害の傾向から，災害・防災分野の制度変更のスピードは上がってきているといえます。

2023年にも，気象業務法や水防法の一部改正が予定されていますが[(64)]，10年後，20年後には今では想像のつかないような制度変更がなされているかもしれません。

ただし，そうした制度変更がなされても，その制度によって恩恵を受け，活用するべき私たち自身が，制度についての理解をしていなければどんなに素晴らしい制度であっても意味を成

(64)　国土交通省ウェブサイトより（https://www.mlit.go.jp/report/press/mizukokudo02_hh_000032.html，2023年4月1日最終閲覧）。

しません。

若者であったとしても，必ず年齢を重ねることになります。その時に，災害時の避難支援を必要とする立場になるかもしれません。元気な高齢者であっても，事故や病気などで災害時の避難支援を必要とする立場になるかもしれません。

災害に関する知識を身に付けるのはもちろんのこと，制度変更等の新しい情報を取得して，いざという時に活用できるようにしてください。私たち一人ひとりが，そうした意識の下で生活することが最大の防災になるのではないでしょうか。

避難情報等に関する近年の検討

「令和３年７月からの一連の豪雨災害を踏まえた避難に関する検討会」（内閣府（防災担当））第１回（令和３年11月２日）資料に加筆

国土交通省

2006年 平成18年

平成18年水位情報のレベル化
（検討課題）
・氾濫の危険度を「注意を要する段階」「警戒を要する段階」「危険な段階」に区分し危険のレベルが分かり避難行動等につながるものとする　など

2018年 平成30年

2018年　平成30年７月豪雨　発生

平成30年７月豪雨による水害・土砂災害からの避難に関するワーキンググループ
（検討課題）
・多種の情報ととるべき行動の関係が住民に理解されていない
・避難勧告、避難指示の違いが直感的に理解できない　など

2019年 平成31年

・５段階の警戒レベルの運用を開始
・「自らの命は自らが守る」「行政は住民が適切な避難行動をとれるよう全力で支援」
・行政主導の避難対策の限界は明らか。国民一人ひとりが主体的に行動しなければ命を守ることは難しい。

2019年　令和元年東日本台風（台風第19号）　発生

令和元年台風第19号等による災害からの避難に関するワーキンググループ
（検討課題）
・ハザードマップの認知・活用が不足、「全員避難」の趣旨が住民に伝わっていない
・豪雨時の外出リスクが認識されていない　など

2020年 令和２年

・避難行動を促す普及啓発活動「避難の理解力向上キャンペーン」の全国での展開
・「全員避難」に関する補足的な説明を加えながら呼びかけ等、運用面の改善。

令和元年度台風第19号等を踏まえた避難情報及び広域避難等に関するサブワーキンググループ
（検討課題）
・警戒レベル４「避難勧告」避難せず被災する人が多い
・その中で、警戒レベル４「避難勧告」「避難指示（緊急）」の意味の違いが正しく住民に理解されていないなど

2021年 令和３年

・災害対策基本法の改正（避難勧告と避難指示の避難指示への一本化、緊急安全確保の規定　等）
・新たな避難情報に関する周知
・「避難情報に関するガイドライン」の全面的な改定

2021年　令和３年７月１日からの豪雨、8月11日からの前線による大雨　発生

3

https://www.jma.go.jp/jma/kishou/shingikai/kentoukai/bousaikishoujouhou/part1/R040124_shiryou3.pdf

「防災気象情報に関する検討会」　中間とりまとめ

国土交通省

背景

○ これまで数々の自然災害を経験するたびに、防災気象情報やその伝え方を改善する取組を行ってきた。この結果として、個々の情報の高度化や市区町村の防災対応支援強化に一定の効果があった一方、情報数の増加や運用の複雑化が進み、改善が必要になっている。

○ 近年、ICTの進展や警戒レベルの導入等に加え、防災気象情報の利用者のニーズや利用形態が多様化していることも踏まえ、受け手の立場から防災気象情報のあり方を検討する。

【国等が提供する防災気象情報の基本的な役割と位置づけ】

防災気象情報とは、気象現象の正確な観測及び予測に閉じるのではなく、どのような状況になり得るかという情報を科学的に迅速に伝えることで、情報の受け手の主体的な判断や対応を支援することが役割。

その役割を果たすために、防災気象情報は、以下のように整理できるのではないか。

対応や行動が必要な状況であることを伝える簡潔な情報

対応や行動が必要であることを簡潔な情報で伝えることにより、誰もが**直感的**に状況を把握し、とるべき行動や対応を判断できるよう**支援**。

対応や行動が必要な状況であることの背景や根拠を丁寧に解説する情報

住民一人ひとりが**納得感**をもって具体的な対応や行動を判断できるよう**支援**するための情報で、報道や市区町村等の情報の伝え手がそれぞれの言葉でかみ砕いて説明したり、発令される避難情報と併せて地域に根差した呼びかけをしたりすることに活用。

防災気象情報の基盤となるデータ

利用者が自ら、または民間事業者等を通じて、データを用いて容易にカスタマイズできるような環境整備の一環として、防災気象情報の基盤となる、加工可能なデータの提供を一層充実。

【今後の取組】

それぞれの役割を持つ防災気象情報について、カテゴリごとに体系の整理等の課題を議論し、令和5年度内を目標に、最終とりまとめを行う予定。合わせて、適切な防災対応を行うための平時の取組として、防災気象情報を活用するためのコンテンツ作りや人材の育成に係る取組についての検討も実施。

https://www.mlit.go.jp/report/press/content/001511800.pdf

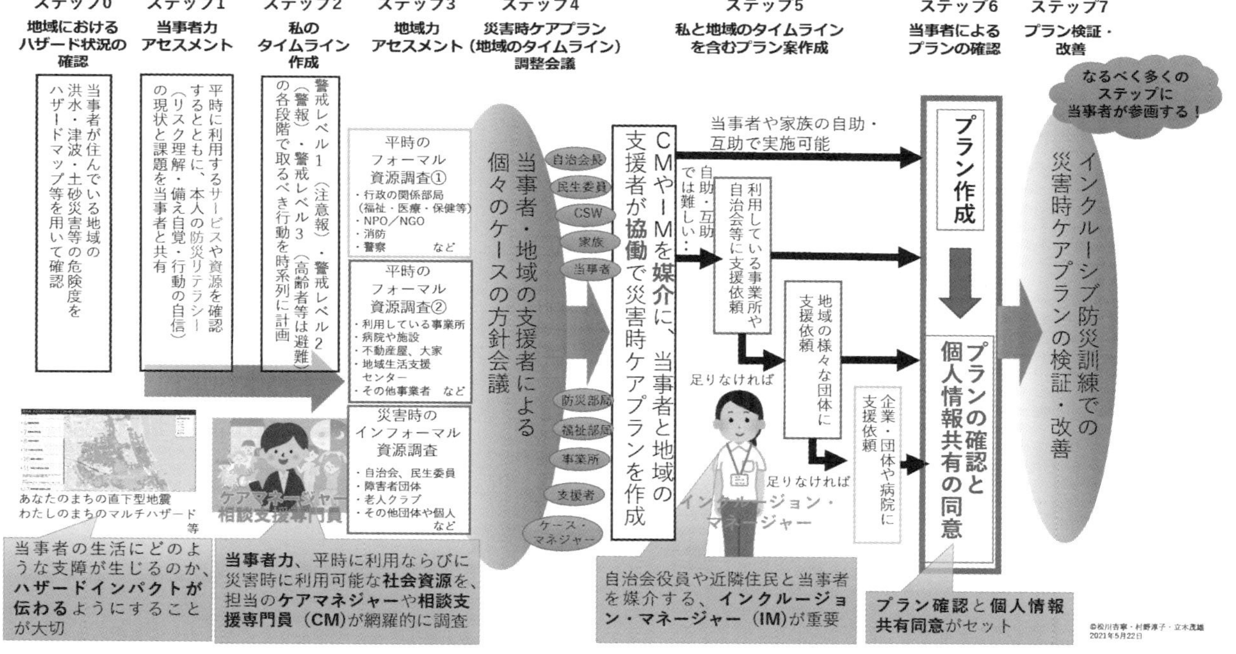

内閣府ウェブサイトより（https://www.bousai.go.jp/kohou/kouhoubousai/r03/101/news_02.html，2023 年 4 月 1 日最終閲覧）

令和元年台風第19号等を踏まえた高齢者等の避難に関するサブワーキンググループ最終とりまとめ（概要）

	課題と背景	対応の方向性
避難行動要支援者名簿関係	○ 避難行動要支援者名簿は、98.9%の市区町村で作成を完了しているが、真に避難支援を要する者を正確に把握できていない場合がある。	○ 避難行動要支援者名簿に掲載すべき者が掲載されないことを防ぐため、福祉専門職やかかりつけ医などの医療職のほか、地域の鍵となる人や団体との連携。
個別計画関係 ※ 避難行動要支援者（高齢者、障害者等）ごとに、避難支援を行う者や避難先等の情報を記載した計画。	○ 過去の災害で高齢者や障害のある方が被害※を受けていることを踏まえれば、災害時の避難支援等を更に実効性のあるものにするためには、何らかの方策が必要である。 ※過去の災害における高齢者の死者の割合 ・令和２年７月豪雨　約79%　※65歳以上 （うち熊本県　約85%） ・令和元年台風第19号　約65%　※65歳以上 ・平成30年７月豪雨　約70%　※愛媛県、岡山県、広島県の死者数のうち、60代以上 （うち市町村別死者数最大の倉敷市真備町　約80%）※70歳以上 ○ 個別計画の策定が必要な者の優先度や個別計画の内容を検討する際には、当事者本人の心身の状況や生活実態等の情報が必要となる。	○ 災害時の避難支援等を実効性のあるものとするためには個別計画の策定が有効。個別計画について、制度上、市区町村が策定に努めなければならないものとして位置付け、さらに取組を促進。 ○ 市区町村が策定の主体となり、福祉専門職、社会福祉協議会、民生委員等の日常の支援者及び地域住民と連携して策定。 ○ 災害の危険度の高いところなど優先度の高い方から個別計画を策定。並行して、本人（状況により、家族や地域）が記入する本人・地域記入の個別計画を策定。 ○ 人材の確保と育成を支援する仕組みづくり、市区町村の個別計画策定の取組に対する財政的な支援、また、モデル地区を設定した取組を実施し検証することが重要。
福祉避難所等関係	○ 平素から利用している施設へ直接に避難したいとの声がある。 ○ 指定避難所として公表されると、受入れを想定していない被災者の避難により、福祉避難所としての対応に支障を生ずる懸念があるため、指定避難所としての福祉避難所の確保が進まないとの指摘がある。 ○ また、要配慮者の避難先となるべき福祉避難所など福祉的な支援を受けることができる施設やスペース等の位置付けや在り方が明確でない。	○ 個別計画の策定プロセス等を通じて、事前に避難先である福祉避難所ごとに受入れ者の調整等を行い、福祉避難所等への直接の避難を促進。 ○ 福祉避難所ごとに、受入対象者を特定してあらかじめ指定の際に公示することによって、受け入れ対象者とその家族のみが避難する施設であることを明確化し、福祉避難所における受け入れを促進。 ○ 小規模な施設やスペースでも、主として要配慮者の滞在が想定される場合は、福祉避難所の指定が適当であること等を明確化。
地区防災計画関係	○ 地区防災計画は、地域のコミュニティレベルでの避難行動に大きく貢献するとともに、避難行動要支援者の把握や避難の呼びかけなどを通じて、個別計画を実践する上でも大変重要な役割を果たすことが期待される。 ○ 地区防災計画の普及について、地区住民等が計画素案を作成する際に、地区住民等の機運を高め、助言・誘導できるような計画作成支援者（地域での防災関係の有識者、市区町村職員など）が不足していることが課題である。	○ 事例集など地区防災計画の普及啓発の取組とともに、計画素案作成を支援する仕組み、人材の育成の仕組みを構築。 ○ 個別計画とあわせて災害の危険度の高い所から優先的に策定を促すとともに、地区防災計画の素案の策定が、地区のあらゆる人が参画するものとなり、また、個別計画がある場合には整合を図れるよう、防災、福祉、医療的ケアを理解する方など地域の様々な分野の方が関わる環境を整える。

https://www.bousai.go.jp/fusuigai/koreisubtyphoonworking/pdf/dai19gou/hinan_gaiyou.pdf

2023年4月10日撮影

〈著者紹介〉

村中 洋介（むらなか　ようすけ）

近畿大学准教授

首都大学東京助教，電力中央研究所主任研究員，静岡文化芸術大学専任講師を経て現職。

〈近年の著作〉

『災害行政法』（信山社，2022年），『条例制定の公法論』（信山社，2019年），災害と法シリーズ『ど～する防災【水害編】』・『同【地震津波編】』・『同【風害編】』・『同【土砂災害編】』・『同【火山災害編】』（信山社，2019年～2022年），『嫌いにならない法学入門（第2版）』（共著，信山社，2023年），『地方財務判例質疑応答集（追録第5号）』（共著，ぎょうせい，2022年）

「御嶽山国賠訴訟」行政法研究48号（2023年），「道路管理の瑕疵(2)」斎藤誠ほか編『行政判例百選Ⅱ第8版』（有斐閣，2022年），「ふるさと納税を理由とする特別交付税減額の可否」地方財務2022年8月号（2022年），「避難指示の法的位置づけ」自治実務セミナー2021年11月号，「『避難行動要支援者名簿』と個人情報保護」行政法研究41号（2021年）

信山社ブックレット

そのとき ど～する？
災害避難支援

2023（令和５）年６月20日　第１版第１刷発行

©著　者　村　中　洋　介
発行者　今井 貴・稲葉文子
発行所　株式会社　信　山　社
〒113-0033　東京都文京区本郷 6-2-9-102
Tel 03-3818-1019　Fax 03-3818-0344
笠間才木支店　〒309-1611 茨城県笠間市笠間 515-3
Tel 0296-71-9081　Fax 0296-71-9082
笠間来栖支店　〒309-1625 茨城県笠間市来栖 2345-1
Tel 0296-71-0215　Fax 0296-72-5410
出版契約 No.2023-6101-01011

Printed in Japan, 2023 印刷・製本 ワイズ書籍(M)／渋谷文泉閣
ISBN978-4-7972-6101-1 C3332 ¥1000E 分類 323.900
p.116 6101-01011：012-015-005

村中洋介 著

〈災害と法〉 ど～する防災【地震・津波編】

〈災害と法〉 ど～する防災【水害編】

〈災害と法〉 ど～する防災【風害編】

〈災害と法〉 ど～する防災【土砂災害編】

〈災害と法〉 ど～する防災【火山災害編】

たばこは悪者か？ ― ど～する？ 受動喫煙対策